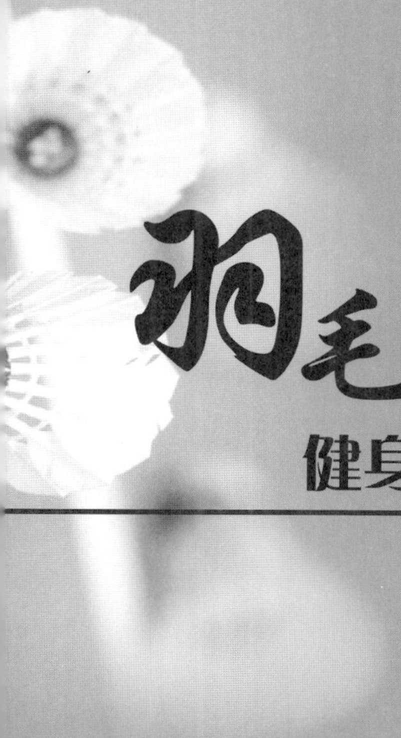

羽毛球

健身理论与实践

武东海 著

暨南大学出版社
JINAN UNIVERSITY PRESS

中国·广州

图书在版编目（CIP）数据

羽毛球健身理论与实践／武东海著．—广州：暨南大学出版社，2013.10

ISBN 978－7－5668－0711－3

Ⅰ.①羽…　Ⅱ.①武…　Ⅲ.①羽毛球运动—基本知识　Ⅳ.①G847

中国版本图书馆 CIP 数据核字（2013）第 180132 号

……………………………………………………………………

羽毛球健身理论与实践

著　　者　武东海

策划编辑　郝　文

责任编辑　郝　文　陈　蒙

责任校对　刘　璇

出版发行　暨南大学出版社（广州暨南大学　邮编：510630）

网　　址　http：//www.jnupress.com　http：//press.jnu.edu.cn

电　　话　总编室（8620）85221601

营销部（8620）85225284　85228291　85228292（邮购）

排　　版　弓设计

印　　刷　佛山市浩文彩色印刷有限公司

开　　本　890mm×1240mm　1/32

印　　张　7.75

字　　数　175 千

版　　次　2013 年 10 月第 1 版

印　　次　2013 年 10 月第 1 次

定　　价　23.00 元

前 言

羽毛球运动是集智能、体能、技能为一体的全身性的隔网对抗型运动项目。它具有健身、娱乐、教育、经济等价值，又具有群众基础好、易于开展、观赏性高、趣味性强等特点。长期坚持羽毛球运动，能全面增强体质、娱乐身心。

《羽毛球健身理论与实践》一书介绍了羽毛球运动的起源、发展、特点、基本技术、战术及练习方法、竞赛规则、裁判、器材选用、赛场礼仪、身体素质训练等内容。本书从理论到实践，力求让羽毛球爱好者了解羽毛球运动的基本概念，掌握练习方法，提高技术水平，丰富羽毛球运动的相关知识。

全书内容体现出以下特色：

第一，图文并茂，能让练习者更形象、更轻松地理解每一个技术动作，包括每项技术的运用时机、常见错误和动作纠正，以及羽毛球打法的分类与熟悉球性等环节，抽象的文字解释结合形象的图片展示，有助于提高练习者的学习兴趣。

第二，针对性地介绍了青少年、女性、中老年人等不同群体中羽毛球爱好者从事该运动时的注意事项、锻炼方法和健身价值；同时，以图表的形式说明了运动参与者的饮食营养与运动消耗的关系，并较详细地说明了羽毛球运动对减肥的作用。

第三，对羽毛球装备的选择、国内外知名羽毛球器材生产商、国际大型羽毛球赛事、羽毛球运动员的运动等级、赛场与观赛礼仪、裁判员职责和裁判员等级等内容都作了详细的介绍与说明，充实了羽毛球爱好者的相关知识，拓宽了羽毛球爱好者的视野，同时还可以激发羽毛球爱好者参加羽毛球运动的兴趣。

第四，补充了羽毛球运动生理卫生及减肥、有氧运动等相关健康常识部分。针对从事羽毛球运动过程中可能出现的运动损伤，介绍了常见运动损伤的发病机理、有效的预防措施及简单的治疗方法。

第五，增加了裁判、场地、步法、技术动作、战术运用等羽毛球专业术语的中英文对照。练习者在参与羽毛球运动的同时，能够知道其相对应的英文名称，既丰富了专业英语词汇，又能够在看电视直播或现场观赛时及时了解比赛进程，进而更好地欣赏比赛。

第六，介绍了从事羽毛球运动所需要的身体、心理准备，阐述了羽毛球爱好者身体素质与技能水平的关系，为羽毛球爱好者进一步提高技能战术水平并延长运动寿命提供了借鉴。

第七，提供了世界羽毛球排名积分系统、排名方法及世界最新羽毛球运动员排名等内容的介绍，介绍了竞技羽毛球运动的发展趋势。

目录

contents

目录

contents

第一章　羽毛球运动概述

一、羽毛球运动的起源

谁发明了羽毛球？资料表明，最早出现有关羽毛球运动的文字记载是法国著名画家乔丹（1699—1779）所画的一幅题为“羽毛球”（The shuttle coack）的油画。画中的一名少女，手握穿有网弦的羽毛球拍，球由球托插着七根不同颜色的羽毛制成。由于国家、民族、文化以及语言的差异，对原始羽毛球运动的称呼有所不同，所以目前世界上对于这项运动究竟始于何时何地仍众说纷纭。

1. 中国古代的游戏

中国古代有一种游戏，用木板拍击一个装饰的球，玩这种球的方式，很像今日的羽毛球运动。现在中国贵州的苗族人，仍保留着木板拍击鸡毛毽的游戏。

2. 日本的“追羽根”

日本贞享二年（1685），日本女子在新年正月里，常一面歌唱式地数数，一面用羽子板做一种“追羽根”的游戏，这种游戏与今日的羽毛球类似。之后，出现了一种两个人用木制球拍，将插上羽毛的樱桃核当做球来回对击的游戏。这种运动很快传到了欧洲和亚洲其他国家，但因球不坚固耐用、飞行速度太快等原因，虽风行一时却很快就销声匿迹了。

3. 印度人的乡土游戏

印度人时常做一种名叫 Poona 的游戏，这种游戏的起源据说是 1820 年印度孟买城的一条名叫 Poona 街道的居民，做的一种类似今日羽毛球运动的游戏。球用直径约 6 厘米的圆形硬纸板、中间插羽毛制成（类似我国的毽子），板是木质的，玩法是两人相对站着，手执木板来回击球。这种游戏之后逐渐普及全印度、英联邦国家以至全世界，因此今日的羽毛球运动，又被称为印度人的游戏（Indian game）。

4. 英国拜明顿村的故事

19 世纪中叶，在印度出现了一种与现代羽毛球非常相似的运动“扑那”，驻扎在印度的英国军官在天气不好、不能外出活动时，即在大厅做“扑那”游戏，这种游戏即是今日羽毛球运动的前身。1870 年英国格罗特郡（Glouestershire）拜明顿村（Badminton）的波福特公爵，在自己的庄园中接待由印度返英度假的英国军官，这些军官做了羽毛球表演，羽毛球运动由此逐渐在英国流行。它在开始时没有名称，而被称作拜明顿的游戏（The game at Badminton）。当时的羽毛球是一个毽子，网球拍则是毽子板。之后毽子板与毽子逐渐改良，乃成为今日的羽毛球运动。人们为纪念羽毛球发源于拜明顿村，遂以村名 Badminton 作为羽毛球的正式名称。

起初，羽毛球运动并没有统一的形式，直至 1877 年，在印度的喀拉蚩（Karachi）地区才首次制定了羽毛球运动的比赛规则。同年，英国成立了羽毛球俱乐部。1893 年，英国羽毛球协会成立，并重新修订和统一了羽毛球比赛的规则。1899 年，举办了全英羽毛球锦标赛。现在的羽毛球比赛基本沿用的就是当时制定的规则。

根据近年国际羽毛球比赛的战绩并综上所述，可以说，羽毛球运动起源于日本，成形在印度，兴起于英国，全盛在中国。

二、羽毛球运动的特点与健康价值

现在，羽毛球运动是世界上最流行的运动项目之一。小小羽毛球，就像一只白色的精灵，轻轻一击，在场上飞来飞去……羽毛球这项运动，在帮助人们锻炼体能的同时，也带给人们无穷的乐趣。据统计，中国的羽毛球爱好者近年来数量猛增，已经超过了“国球”——乒乓球；在大众选择健身的方式中，仅次于慢跑，位列第二；一到周末，很多城市里的羽毛球馆甚至达到爆满的程度。

羽毛球运动的优点在于它不仅可以使运动者消耗多余的热量，而且还可使运动者获得极大的乐趣，并且业余运动者不需要有完美的体形和充沛的体能即可参与。这项运动允许运动者按自己的速度和节奏进行练习和提高，而且丝毫不会影响享受这项运动的乐趣。

羽毛球运动的爱好者遍及世界各地，涵盖不同的职业、身份和年龄段。羽毛球球迷观看完球星比赛后，第二天或许就可以在同一场地，按照规则效仿他们打球。这些球迷不论男女老少，都觉得自己打起球来像林丹等羽毛球明星那样出色。通过努力，他们的某些动作真能做得像他们的偶像一样漂亮！

羽毛球运动隔网对垒，可以避免身体碰撞时造成不必要的伤害，并且可快可慢、可张可弛，身体各部分协调运动，各肌肉得到充分锻炼。最重要的是，羽毛球运动使运动者不再面对冰冷的健身器械，让整个健身过程充满了乐趣。并且，羽毛球运动是一项集技术和智力于一体的体育运动，在运动过程中必须不断地进行判断、反应。通过羽毛球比赛，运动者可以锻炼自己的控制力、耐力，养成良好的团队精神和坚毅的意志品质。

1. 羽毛球运动是集时尚、健身、交际于一体的运动

羽毛球运动本身集时尚、健身、交友于一体，很适合都市人群，是一种容易与对手交流感情的终身运动。在西欧的一些发达国家，羽毛球运动甚至还是一种维系人际关系的纽带。在一般人看来，羽毛球运动是一项绅士运动，打羽毛球者经常给人一种温文尔雅的感觉。因此，随着人们生活水平的提高，越来越多的人把打羽毛球当作是一项时尚、健康的运动，尤其是大学生群体和白领阶层，把参加羽毛球运动看成一种时髦。

羽毛球运动场已不再是纯粹的竞技场，它同时也是一个社交场所。人们到羽毛球运动场不仅可以打羽毛球，还可以通过打羽毛球促进友谊、交流感情，从而助益身心。羽毛球运动是公众建立友好关系的较好媒介。不管你是要谋职、谈生意，还是只想交个朋友，只要你懂得打羽毛球，就可以通过共同兴趣先谈些打羽毛球的经历或参与一场友谊赛，由浅入深，慢慢谈到你所要谈的话题。在广州有一句话："现在，假如你懂得打羽毛球，你就已经具备了生存的条件！"根据美国一家电视公司的统计数字，全美国目前有3 400万人打羽毛球，相当于全国人口的15%，这一数据在中国、日本、韩国、马来西亚等亚洲国家更是大得难以统计。

2. 羽毛球运动易于调节运动强度

羽毛球运动的运动量和运动强度可随意调整，因人而异。年轻人血气方刚、体能充沛，在比赛中可以显示自己出众的身体素质，快速的击球动作、敏捷扑救险球等技术能充分地表现出自己的运动能力；少年儿童和古稀老人，可以用他们所习惯的击球技艺、适宜的运动强度，悠哉慢哉地你打过来我击过去。无论年轻的，还是年老的，通过这种快人心扉、令人陶醉的羽毛球运动和竞赛，都可达到增强体质、有益身心的目的。而且羽毛球运动的强度较易控制，所以可以有效防止运动伤害。

3. 羽毛球运动满足终身体育锻炼的需要

羽毛球运动之所以能成为普及性广、男女老少皆喜爱的体育运动项目之一，是因为它适合不同年龄段人群的体力、心理、生理上的特点。从六七岁的少年儿童到八九十岁的老者，都可以打羽毛球，所以羽毛球也是所有体育运动中运动寿命最长的项目之一。

目前世界排名前二十名的羽毛球好手，有几位年龄已达三四十岁，不像体操、游泳、足球和篮球，这些项目对体能和精力要求较高，所以运动员的运动寿命较短。高峰水准保持时间较长的羽毛球运动，不管男女老幼，只要水准相近都可以相约混合对打，也不必像拳击那样要称体重确定公斤级。

羽毛球还是一项比较家庭化的运动，夫妻之间、儿女之间、长辈与晚辈之间都可以进行羽毛球活动。这对维护夫妇感情、增进兄弟姐妹间的了解、保持家庭和睦具有重要意义。并且，羽毛球运动功能全面，其强度的可调控性和趣味性，使得运动者可以以饱满的热情，在适合自己的强度下不知不觉地完成相当于跑完三四英里路的运动时间，这可以有效提高身体的健康水平，使运动者的心肺功能得到增强。

另外，羽毛球运动对运动者的身体条件没有特殊要求。作为初学者，不用担心自己不够强壮，也不用担心自己是否太胖，而且拥有运动员的体魄并不意味着很快就能学好羽毛球，因为羽毛球运动更需要的是技术和用力方法。所以，羽毛球的美也在于它允许不同水平和级别的人参与这项运动。

4. 羽毛球运动可使参加者身心完全放松

近年来，由于城市化的迅速发展，人们的生活越来越紧张忙碌，人们的身体与心理通常会出现一些反应，如疼痛、疲劳、忧虑、不安等，这些现象被我们称为亚健康。当你感到压力过大时，身体自然会出现加速冒汗、没有胃口、失眠、害怕等症状。心理学家发现，日常生活中琐碎烦人的问题、复杂的人际关系、繁重的工作要求、理想化的社会期望、不可预知的身体状况等都可能是我们压力的来源。心理医师指出，过大的压力对人体有害，会使人精神紧张、内分泌失调、心跳加速等，以致影响身体健康与生活品质。

上班族有工作上的压力，学生有课业上的压力，青年男女有恋爱问题、婚姻上的烦恼，老年人则有慢性病的压力……如何缓解压力，成了困扰现代人的一个主要问题。

研究表明，适当的运动可以增进体能，并起到增强免疫系统活力的作用。因此，选择适合自己的运动并配以充足的休息，是疏解压力、调节免疫的最佳手段。羽毛球运动由于具有运动强度适当、无身体接触、趣味性强、室内外都可进行等特点，成为人们调节身心的首选。当运动者工作了一天或做了一天家务后，再没有比把满身的疲劳在羽毛球场上挥洒干净更好的事情了。尽力接球、大力扣杀等都会使运动者的紧张感消失，运动者所要做的只是定下心来，忘我地与对手决一胜负。

5. 经常打羽毛球有助于保持良好的形象

最近有研究指出，经常打羽毛球的人比不参加运动的人工作更卖力，更容易获得良好的人际关系，更健康、更具吸引力，自信心更强、自我控制能力更强。尤其在羽毛球运动开展比较好的地方，拥有相对高超的球技，更易获得别人的信任与肯定。

6. 羽毛球运动是最有效的减肥手段之一

随着社会经济的发展和人们闲暇时间的增多，羽毛球爱好者的队伍不断扩大，其中有相当一部分是中青年女性，她们的目的非常直接，那就是减肥，塑造优美体形。在当今日常生活中，减肥是比较受关注的话题。所以，社会上各种减肥食品、减肥饮料，甚至包括一些减肥强化训练班应运而生。但是当我们自己需要控制体重和改善体形时，该如何选择比较恰当的方式、方法呢?

（1）引起大多数肥胖者肥胖的原因和判定肥胖的标准。

为了选择一种恰当的减肥方法，我们需要先了解一下肥胖是怎样形成的。肥胖，大多是由于人体摄入食物的热量过多、消耗太少造成的。

肥胖与正常体重的标准又是什么呢？具体标准见表1－1：

表1－1　肥胖判断标准

指标	消瘦	低重	正常范围	超重	肥胖
（身高－105）/体重×100%	<80	<90	90～110	>110	>120
体质指数（千克/平方米）	<18	<20	20～25	>25	>27

体质指数（BMI）＝体重（千克）÷［身高（米）］^{2}。比如一位身高1.8米的人，体重是75千克，那么他的体质指数＝75/1.8/1.8＝23.15。

（2）有效的减肥方法。

在当今社会，减肥的方法多种多样。例如，各种减肥食品、饮料的广告铺天盖地，但从根本上说，这些都是药物疗法，难免有其局限性；饥饿疗法，也有一定的效果，但如果长期控制饮食，必将造成体内摄入的热量不足，影响蛋白质的吸收和利用，还容易得厌食症。因此，越来越多的人愿意接受体育减肥的方法。体育疗法减肥的主要根据是人体在有氧状态下长时间运动时，消耗的主要能源物质为脂肪。

持久的小强度有氧运动之所以能消耗多余的脂肪，是因为小强度运动时肌肉主要利用氧化脂肪酸来获取能量。轻松和缓、长时间的低强度运动或心率维持在100～124次/分钟的长时间运动是最佳的运动方法。

我们常说，羽毛球是用脚打球的，这就意味着步法在羽毛球运动中非常重要。在羽毛球场上，我们需要或快或慢地不断跑动。因此，羽毛球运动是以有氧代谢供能为主的耐力性练习项目（专业竞技比赛除外），其消耗的能源物质以脂肪为主。这一点与慢跑非常相似。据统计，一般业余水平的羽毛球爱好者进行两个小时的练习，跑动的距离可达到5 000米之多。因为其趣味性强，运动者通常练习一两个小时也不会感到很累。从这个意义上来说，羽毛球运动就是跑步，但与跑步的枯燥乏味相比，羽毛球运动乐趣无穷、百练不厌，甚至一旦痴迷上瘾还难以割舍。

针对利用打羽毛球来减肥的朋友来说，必须遵守循序渐进的原则，适当地控制运动量，并做到坚持不懈、持之以恒，才能保证运动有效而健康。要做到：①场上活动时，控制好运动强度和运动量；②每次上场练习保持适宜的时间；③确定每周固定的练习次数，并持之以恒；④一般坚持练习1～2个月后，体重会明显减轻，但之后减肥速度会缓慢下降。这时，一定要继续保持练习，同时不可突然加大运动量；⑤练习过程中，要对一些特殊情况做好分析处理或请专业人士做相应指导。另外，羽毛球运动经常用到的肌肉有大腿四头肌、腰肌、腹肌、背肌、肩部肌肉和腕部肌肉等（见图1－1）。羽毛球的基本动作，如发球、扣球、扑球、吊球等可锻炼全身各大肌肉组织。例如在杀球时，提臀、挺胸、收腹等一系列动作可锻炼腹肌，使毛细血管和肌肉细胞血流量增加，增加体内蛋白质、糖原，使肌纤维增粗，身体更加健美。

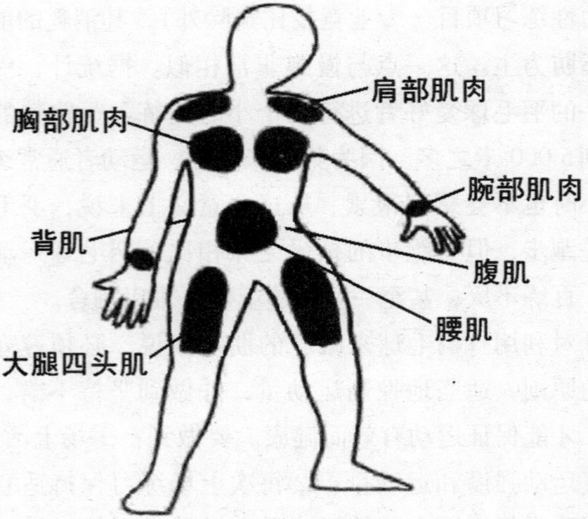

图 1－1　打羽毛球时用到的肌肉

7. 羽毛球运动可有效预防疾病

经常打羽毛球可以有效预防疾病。研究表明，经常运动可以降低 20% 得乳腺癌、30% 得心脏病、50% 得糖尿病的概率，可以使运动者更健康、更长寿。

经常打羽毛球可以增强人体的心肺功能，增加骨头、肌肉的力量，解除紧张，控制体重。最重要、最基本的是，经常打羽毛球能使人心理状态良好。

（1）远离乳腺癌威胁。

据美国《护理健康研究》一项长达 20 年的统计研究指出，一周运动 7 小时以上，可以降低 20% 的乳腺癌患病率。

（2）预防心脏病。

据《新英格兰医学期刊》报道，一周运动 3 小时以上，可以降低 35% ~40% 患心脏病的风险；美国医学学会也指出，每天中等强度运动30分钟，可使心肺功能保持健康良好的状态。

（3）远离老年痴呆。

美国《自然》杂志报道，60岁以上的银发族，保持一周3次、每次45分钟以上中等强度的运动，有助于维持较好的认知功能。人体中最耗费氧的部位就是脑神经细胞，运动可以促进脑神经细胞功能活化，使脑血管重返强韧，自然就能预防健忘与痴呆。

（4）降血压。

人到中年后，血压多半会上升，但经常打羽毛球可以减少荷尔蒙分泌，从而减少血压上升的机会；并且，打羽毛球会增加牛胆酸的分泌，而牛胆酸具有降低血压的作用。

（5）预防动脉硬化。

现代人不健康的饮食习惯，使血液中的胆固醇与中性脂肪酸异常增高。血液中胆固醇量过多，容易诱发心肌梗死、脑梗死等病变。持续30分钟以上的羽毛球运动，有助于分解体内的中性脂肪，降低血液中的胆固醇含量。

（6）预防、治疗糖尿病。

造成中老年人患糖尿病的原因多半是饮食过量、运动不足和压力过大，而限制饮食量、减少积蓄体内的糖分，再辅以运动就可降低体内的血糖值。

（7）避免脂肪肝。

研究人员发现，常打羽毛球的人血液循环较好，肝的代谢功能较好。

（8）预防骨质疏松。

年纪越大，骨质流失就越严重，也就越容易骨折或腰痛，经常打羽毛球可以有效预防骨质疏松。

(9) 改善腰、背疼痛。

平常如果驼背或姿势不良，肩胛肌负担过重，肩膀、腰就容易发生僵硬酸痛。经常打羽毛球可以锻炼全身肌肉，自然改善腰、肩疼痛。

(10) 消除压力，帮助睡眠，疏解忧郁。

经常打羽毛球，能改善体内自律神经的操控状态，让交感神经和副交感神经的切换更灵活，有助于消除压力，使运动者更容易入眠。除此之外，经常打羽毛球可以增进自尊、自信，保持乐观的心态。

综上所述，羽毛球网高与人体身高接近，是一项从 8 岁到 80 岁都能持久从事的文明体育运动，是我们精神的寄托、健康的保证、交友的平台。那还犹豫什么？快来运动场体会速度的激情、变化的美妙、节奏的韵律，投身到令您畅快淋漓的羽毛球运动当中吧！

三、如何选择合适的运动时间及运动量

如今参加健身活动的人越来越多，项目也越来越丰富，由于个体差异，适合每个人的运动量是不一样的。运动量不够，达不到健身效果；持续性的运动量过度，又会导致身体疲惫不适、脱水、头晕呕吐、肌肉与关节疲劳酸痛等不良反应，反而会使身体面临更大的受伤风险，而且过度的运动还会削弱人的免疫系统。那么，每人每天究竟进行多大的运动量才合适？怎样合理安排你的运动量呢？

懂得自我调节，倾听自己身体的需要很有必要，这样你就可以在锻炼前预测今天运动的强度。如果你今天比较疲惫，就应该选择小运动量或者休息；如果今天状态非常

好，又没有在其他劳动中消耗过多的体能，那么就可以选择强度大些的运动。运动量的确定，可以通过以下的客观测量进行定量，也可以根据个人的主观感受确定，两者结合起来会有更好的效果。

1. 选择合适的运动时间及运动量

羽毛球运动应持之以恒，但是运动强度要有一定的限制，既不能盲目地大量运动而导致过度疲劳或伤病，也不能运动量过小而起不到锻炼身体的效果。

每周至少保证 3 ~ 5 次。每次运动时间应不少于 30 分钟，一般不超过 1 小时（中间短暂休息的时间应去除）。

（1）用心率确定适合的运动强度。

一般可在运动结束后立即数脉搏，数 15 秒，然后乘以 4，便可得出每分钟的心率。运动后的心率保持在（220 - 年龄）×（60 ~ 85)% 的范围之内，即可认为运动量比较合适。比如一个 60 岁的人，他运动后的心率范围 =（220 - 60）×(60 ~ 85)% =96 ~ 136 次/分，这样就比较适宜。

按最大安全心率 =（220 - 年龄）来看，一般要求运动时心率达到最大安全运动心率的 60% ~ 70% 左右为宜，如果情况良好，可逐渐增加运动量，一切以身体能否忍受、有无不良反应、是否达到健康锻炼目的为衡量标准。

（2）主观的自我感觉也是检验运动量是否合适的方法之一。

其一，在打羽毛球时，尤其是老年人，应无心慌及明显气急的反应，微微出汗即可，不应大汗淋漓，感到轻度疲劳是可以的，但应该无腰腿酸痛的症状。

其二，在经过一段时间的锻炼后，如食欲增加、睡眠改善、精神愉快、全身有轻松感，这表明运动量是合适的；

反之，如果在打羽毛球时出现胸闷、心悸、气急、头晕、头痛、恶心、视力模糊等症状，则应该立即停止运动。另外，如有食欲下降、睡眠变差、疲劳等现象长期不能消失，而休息后，与平时相比，脉搏增快、血压上升，则很可能为运动量过大。

2. 个人每天运动量的测量法

推荐美国俄克拉荷马州立大学研究设计的一个测定个人运动量的简便方法，大家有空可以试试。

• 睡眠：每睡一个小时记 0.85 分。计算一下你每天睡几个小时，再按这个单位的乘积记分。

• 静止活动：包括案头工作、阅读、吃饭、看电视、坐车等。这些活动的运动量最低，把消耗在这些活动上的时间加起来，以每小时记 1.5 分计算。

• 户外活动：如果是悠闲缓慢地散步，每小时记 3 分；如果是快步走，每小时记 5 分；慢跑每小时记 6 分，快跑每小时记 7 分；游泳、滑冰，每小时记 8 分；各种球类运动和田径运动，每小时记 9 分；骑自行车，每小时记 4 分；做体操、跳舞，每小时记 3 分。

• 家务劳动：每小时记 5 分。

每当一天的各项活动结束后，你就可以把以上的分数加起来进行参照。如果你获得的总分数在 45 分以下，说明你的运动量不够，应设法增加活动量；如果你的总分数在 45 ~ 60 分，说明你的运动量正合适；如果你的总分数超过了 60 分这个限度，只能说明你的活动量已经过度，对身体没有更多的益处，是调整一下运动尺度的时候了。[1]

3. 适合一生的运动方案

对希望以羽毛球运动来健身的人来说，在不同人生阶段应如何选择适合自己年龄的运动方式呢？美国有一位训练专家设计出一套能让人受用一生的羽毛球健身计划，该计划使人们从二十几岁开始，直到耳顺之年都能找到适合的运动方式。

具体方案如下表 1－2 所示：

表 1－2　各种年龄段群体羽毛球运动方案

年龄段	运动形式	优点	方案
20～30 岁	高冲击有氧运动方式	消耗大量卡路里；强化全身肌肉，增进精力、耐力与手眼协调；在心理上，能帮助解除外在压力，获得成就感。	单打为主
30～40 岁	中冲击有氧运动方式	除减肥外，能加强肌肉弹性，特别是臀部与腿部肌肉；还有助于提高活力、耐力，改善平衡感、协调感和灵敏度；在心理上，能培养禅定般的专注能力，帮助建立自信与提高策略思考力；令人愉悦，忘却不快。	双打为主 单打为辅
40～50 岁	低冲击有氧运动方式	能增加身体各部位的灵敏度与协调度，让人保持充沛活力，同时对于关节的压力也比跑步和高冲击有氧运动小；而在心理上，能使人神清气爽，松弛紧张和压力。	双打为主

（续上表）

年龄段	运动形式	优点	方案
50 岁以上	低冲击有氧运动方式	除了有稳定心脏功能的效果外，心理上兼具振奋与镇静的作用，让人忘却杂务；让压力与烦躁都随汗水一泄而出；培养协同与团队精神；让人更专心、更自律。	混合双打为主

四、中国羽毛球运动的发展历程

1877 年，第一部羽毛球比赛规则在英国出版。1893 年，在英国成立了世界上第一个羽毛球协会；1899 年，该协会举办了第一届全英羽毛球锦标赛，此后每年举办一次，沿袭至今。现代羽毛球运动从斯堪的纳维亚扩展到英联邦各国，20 世纪初流传到亚洲、美洲、大洋洲，最后传到非洲。

1934 年，国际羽毛球联合会成立，总部设在伦敦。1939 年，国际羽毛球联合会通过了各会员国共同遵守的《羽毛球竞赛规则》。20 世纪 20 年代到 40 年代，欧美国家的羽毛球运动发展很快，其中英国、丹麦、美国、加拿大的水平相当高。50 年代，亚洲羽毛球运动发展很快，马来西亚取得两届“汤姆斯杯赛”的冠军；同时，印度尼西亚队在技术和打法上有所创新，很快取得了霸主地位。60 年代以后，羽毛球运动的发展中心逐渐移向亚洲。我国的羽毛球运动虽然起步晚，但发展迅速，大概经历了以下阶段：

1. **起步艰难**

现代羽毛球运动约于1910年传入我国，最早在上海，随后在广州、天津、北京、成都等城市的基督教青年会和学校中有所开展。[2]新中国成立后，党和政府十分关心人民群众的身体健康状况，体育运动得到了蓬勃发展，羽毛球运动也逐渐为群众所喜爱，并成为我国重点开展的项目之一。1953年在天津首次举办了全国性比赛，但当时只有五个队19名选手参加。

2. **赤子报国**

1959年至1961年间，方凯祥、汤仙虎、侯加昌等华侨青年从印度尼西亚回到祖国，带来了国外羽毛球运动的先进技术与新颖打法，同时组建了国家集训队。继而，我国在东南沿海几个主要大城市也成立了以归国华侨青年为骨干的羽毛球队；其后两年，又有一批归侨青年先后加入福建羽毛球队和国家羽毛球队，包括吴俊盛、张铸成、薛从良、颜存彩等。这些归侨青年训练刻苦，技艺高超，事业心强，给队伍增加了新鲜血液，成为随后几十年里我国羽毛球事业的中坚力量。在“破除迷信，解放思想，走自己的路”思想的指导下，我国羽毛球运动员总结了国内外羽毛球运动的经验教训，学习借鉴了相关技术资料，结合自己的运动实践进行了探索，不断改进训练方法。其中，福建省运动队主要在技术手法上、广东省运动队主要在步法上进行了改革和突破。他们同时借鉴我国乒乓球运动的成功经验，并通过对多年训练和比赛实践经验的总结，提出了“以我为主、以快为主、以攻为主”的积极打法；后来，又经过不断的总结和完善，逐步形成了中国羽毛球运动所持有的“快、狠、准、活”的技术风格。在归国华侨青年的带动下，我国运动员怀着勇攀世界羽坛技术高峰、为国争光的雄心大志，吸取了国外一些先进的运动训练方法，勤学苦练，自觉地贯彻从难、从严、从实战出发，进行大运动量训练的“三从一大训练方针”，运动技术水平得到了进一步提高。

3. 无冕之王

由于政治上的原因，当时我国未加入国际羽联，故未能参加世界性的比赛。但在1963年至1965年间，中国羽毛球队在“中国与印尼的京城大战”、“第一届新兴力量运动会”、“印尼回访之战”和“横扫北欧系列战”这四大战役中取得了优异的成绩，被许多国外电报誉为“无冕之王”、“冠军之冠军”。1964年7月16日至28日，第一次全国羽毛球训练工作会议在北京召开。这次会议及时总结了新中国成立15年以来我国羽毛球事业取得的成绩及获得的经验，是我国羽毛球运动发展史上一次十分重要的会议，为此后我国羽毛球事业的突飞猛进打下了坚实的基础。

4. 十年动乱，步履维艰

1966年，我国进入十年动乱时期，全国上下各项事业停滞不前，羽毛球运动也不例外。十年动乱前期，羽毛球界的著名教练员和优秀运动员都被下放到农村，致使训练无法正常进行，运动员的身体素质和技术水平大幅下降。王文教、陈福寿、杨人燧等人在下放期间，虽身处逆境、前途未卜，但仍念念不忘国家的羽毛球事业。他们联名上书当时的中国羽协秘书长谢朝权并请转报中央，恳求党和国家关怀来之不易的羽毛球成果，不能让其毁于旦夕。

羽毛球运动员、教练员以及羽毛球运动所面临的困难得到了中央有关领导的重视，并采取了一些应对措施，使我国的羽毛球运动在十年浩劫的中后期得到了一定发展。

5. 八十年代，独领风骚

随着十年动乱的结束，我国羽毛球事业得到了全面的恢复和发展，并在一系列的国际比赛中取得了优异成绩。1977 年 2 月，中国羽毛球队参加在曼谷举行的第一届亚洲羽毛球锦标赛，获得男子单打、女子单打、女子双打三项冠军。1979 年 6 月 10 日至 20 日，世界羽联主办的第一届世界杯赛暨第二届世界羽毛球锦标赛在我国杭州举行。中国队在世界杯赛中获得男团、女团冠军；在世界锦标赛中获得男子单打（韩健）、女子单打（韩爱萍）、男子双打（孙志安、姚喜明）三枚金牌。

直到 1981 年 5 月，国际羽联重新恢复了我国在国际羽联的合法席位，实现了我国运动员多年的夙愿——逐鹿世界羽坛，争夺世界桂冠，为国争光。1981 年 7 月 25 日至 8 月 2 日，在美国圣克拉拉举行了第一届世界运动会。中国羽毛球选手夺得男子单打（陈昌杰）、女子单打（张爱玲）、男子双打（孙志安、姚喜明）和女子双打（张爱玲、刘霞）四枚金牌。11 月 6 日，国家体委正式颁发《裁判员技术等级制度》。1982 年 5 月 10 日至 21 日第十二届“汤姆斯杯赛”于英国伦敦举行，中国羽毛球队在决赛中以五比四的战绩击败印尼队夺得冠军。1985 年 6 月 10 日至 16 日，于加拿大卡尔加里举行的第四届世界羽毛球锦标赛，中国队获得男子单打（韩健）、女子单打（韩爱萍）和女子双打（韩爱萍、李玲蔚）三枚金牌。1986 年 4 月 22 日至 5 月 4 日，在印尼雅加达举行的第十四届“汤姆斯杯赛”暨第十一届“尤伯杯赛”，中国羽毛球男女队双双夺得冠军，开创了中国羽毛球历史上的辉煌时期。

6. 步入低谷，蓄势待发

进入20世纪90年代，随着杨阳、赵剑华、李玲蔚等一批优秀运动员的相继退役，我国羽毛球运动暂时出现了一段青黄不接的时期，而印度尼西亚经过多年的励精图治，涌现了一批以阿迪、王莲香为代表的新秀。欧洲也重新崛起，韩国、马来西亚也时有新人涌现，世界羽坛进入了群雄逐鹿的时代。在1992年巴塞罗那奥运会上，我国羽毛球项目竟与金牌无缘，直到1995年才逐渐走出低谷，首次夺得“苏迪曼杯”。在1996年亚特兰大奥运会上，葛菲、顾俊勇夺女双冠军，实现了我国羽毛球项目在奥运会上零的突破。1997年，我国运动员再次夺得“苏迪曼杯”，同时在世界锦标赛上获得了女单、女双和混双三块金牌，我国羽毛球运动开始逐步走出低谷，步入再铸辉煌的历程。

7. 独孤求败，盛世危机

2000年以后，在我国竞技体育的举国体制大背景下，从后备人才、训练与科研手段到赛事开发与推广都采取了积极的、有针对性的措施，中国的羽毛球运动得到了高速发展，步入全盛时期。

2008年北京奥运会上，我国羽毛球队取得3枚金牌、2枚银牌、3枚铜牌的优异成绩。2012年，中国羽毛球队勇夺“汤姆斯杯”和“尤伯杯”，又取得在伦敦奥运会上包揽五冠的辉煌战绩。

在近几年的国际重大羽毛球赛事中，我国运动员在赛场上的霸主地位几乎无人撼动，但世界范围内的羽毛球运动却发展缓慢，针对此项运动的质疑声不断。以衡量一个国家羽毛球整体实力的“苏迪曼杯”来看，近几年亚欧之间的差距还在不断拉大，主要表现在欧洲参赛队伍持续减少，对赛事的关注度逐步下降，英格兰、丹麦、瑞典等传统欧洲强队实力继续下滑等。在 2013 年，国际上更是传出了羽毛球项目或将被排除在奥运大家庭之外的声音。

以全英羽毛球公开赛和温布尔登网球公开赛对比为例，它们同样是 19 世纪末在英国兴起的运动项目，在各自的领域也都是顶级赛事，但横向比较，二者的热度根本无法同日而语。如今已经没有人再拿网球和羽毛球相提并论了，如果没有中国、韩国、印度尼西亚等亚洲强队苦苦支撑，羽毛球项目在奥运会上恐怕会更加边缘化。正所谓“皮之不存，毛将焉附”，一旦羽毛球项目被逐出奥运赛场，以中国竞技体育的发展趋势看，它恐怕也会成为举国体制的“弃儿”。

如果羽毛球运动真的从奥运会中被剔除，在以“金牌战略”为主导的中国羽毛球界，各级梯队必然会大规模减员，教练员、运动员乃至相关的工作人员都会受到影响。国内的联赛尚不成熟，球员没有职业联赛可打；如果没有了奥运任务，这些运动员和教练员的存在价值势必大打折扣，也相应地会影响到我国群众体育的发展。

羽毛球运动在中国的成功，证明这是个好项目，但要成为世界性运动，前提是必须找到一条正确的道路。现代羽毛球和网球运动都诞生在英国，最初都属于贵族运动。在 20 世纪中叶之前，羽毛球运动因易于推广，发展远好于网球。但 20 世纪 60 年代以后，网球运动走上了职业化、商业化的道路，只用了短短十几年的时间，其受欢迎程度在欧洲就已经超过了羽毛球。与网球、足球等职业化程度很高的项目不同，羽毛球的职业化程度和商业运作尚显稚嫩，名目繁多的大师赛、顶级赛、公开赛都只是头衔耀眼的“空壳子”（赛事关注度低、奖金少、参赛队伍不足、缺乏良好的商业化运作）。以2012年年终羽毛球总决赛为例，赛事总奖金只有50万美元，摊到男单、女单、男双、女双、混双5个项目上，就更没有多少了。作为目前世界男子网坛的“NO. 1”，德约科维奇2012年在球场上收获了近千万美元的奖金，他一个人的收入几乎等于国际羽联整个赛季的总奖金。

毫无疑问，错过了走向职业化、商业化的最佳时机，才是羽毛球运动至今未能取得“飞跃式发展”的重要原因。[3]一项运动要想风靡世界，更多的参与者和更多的观众是基础。目前，要想提升羽毛球运动在全球范围的吸引力，必须创造条件让更多群体参与，让更多人了解和体验这项运动的魅力；同时，要通过职业化模式来提升运动员的收入水平、扩大电视转播的范围和提升赞助商的参与度。在这个过程中，还要面临与其他项目的激烈竞争。

奖牌有归属，体育无国界。羽毛球是我国在国际赛场上获得金牌的重要项目，也是我国对外展示改革开放成果的重要窗口，我们不能躺在羽毛球竞技成绩的功劳簿上沾沾自喜，而应重新审视这种“全盛”状况下暗藏的危机。“凡事预则立，不预则废”，我们应该在保持高水平的竞技状态的前提下，从赛事的推广、普及、观赏性以及羽毛球的职业化、商业化运作等方面多做工作，赋予此项运动更多的社会价值、时代价值，开发其商业价值，让其成为世界上广泛开展的、有影响力的运动项目，这才是我们的责任和义务所在。

五、羽毛球运动之最

1. 最快时速

羽毛球运动的最快时速一般出现在男子双打中。单打中因为要考虑到杀球后的身体快速回位，所以很少全力杀球；双打则不同，后场球员可以不必顾虑对手的回球，因为有队友在前场，所以可以放心地全力杀球。在 2005 年“苏迪曼杯”混合团体羽毛球赛期间，国际羽联采用微波传感器测试球速，在小组赛中国与中国香港的男双比赛中，傅海峰以一记时速 332 千米/小时的杀球，创下拍类运动球速之最，至今仍未有人在实战比赛中突破此项纪录。332 千米/小时接近 100 米/秒，几乎和 F1 赛车一样快，但羽毛球的速度算的是球拍击出球时瞬间的速度，等球快接近落地时速度会降低很多。上面是正式比赛的记录，还有非比赛、非官方的记录，如在 2009 年一次杀球测试中，陈文宏杀出了 421 千米/小时的球速。

2. 问鼎“汤姆斯杯”次数最多的国家

印度尼西亚从 1958 年到 2002 年共获得了 13 次该项冠军。叶诚万是 2002 年印尼队最重要的人物。

3. 获得“尤伯杯”最多的国家

中国从 1984 年到 2012 年共获得 12 次该项冠军，其中从第 17 届到第 22 届连续 6 届获得冠军。

4. 耗时最长的比赛

孙俊 VS 拉斯姆森。1997 年 6 月 1 日在英国格拉斯哥举行的世界锦标赛中，拉斯姆森以 16∶17、18∶13、15∶10 三局赢孙俊，费时 124 分钟（1998 年 8 月之前的规则是在 13 平的情况下加赛 5 分）。

5. **用时最短的比赛**

韩国罗景民于 1996 年 5 月 19 日在中国香港举行的“尤伯杯”上以 11∶2、11∶1 击败英国的朱利娅，比赛进行了 6 分钟，总共打了 22 拍。

6. **获得“苏迪曼杯”最多的国家**

自 1989 年“苏迪曼杯”世界羽毛球混合团体赛举行以来，中国参加了全部 12 届赛事，共获得了 9 次冠军，其中 2005 年的第 9 届到 2013 年的第 13 届实现了五连冠。

7. **获得奥运会羽毛球金牌最多的运动员**

如果以奥运会金牌来看，张宁获得两次奥运会金牌，分别为 2004 年雅典奥运会与 2008 年北京奥运会金牌。双打方面，葛菲、顾俊同样获得两次奥运会金牌，分别为 1996 年亚特兰大奥运会与 2000 年悉尼奥运会的双打金牌。林丹获得 2008 年北京奥运会和 2012 年伦敦奥运会男单金牌，我们期待他在 2016 年里约热内卢奥运会上有上乘表现。

8. **最悲情的羽毛球运动员**

皮特盖德（Peter Gade），1976 年 12 月 14 日出生，丹麦羽毛球运动员，欧洲羽毛球名将之一。[4] 他曾创下了连续 62 周世界排名第一的神话，是世界上最优秀的单打选手之一，却没有获得过任何一个奥运会、世锦赛甚至“汤姆斯杯”的冠军，但他赢得了队友和对手的尊敬，至今仍活跃于国际羽坛，被誉为“羽坛常青树”，他的坚持不懈激励了一代又一代的羽毛球人。

9. 现役学历最高的羽毛球运动员

2012 年 10 月 17 日在福建省泉州市，林丹参加华侨大学奥运健儿表彰大会暨硕士学位授予仪式，成为国家羽毛球队唯一一位具有硕士学位的运动员。

10. 唯一一位卫冕奥运会羽毛球男单冠军，并成为世界上获得羽毛球世界冠军最多的运动员

林丹在 2012 年伦敦奥运会上击败马来西亚名将李宗伟，成为首位成功卫冕奥运会羽毛球男单冠军的选手。在 2013 年 8 月于广州举行的世界羽毛球锦标赛上，持外卡参赛的林丹获得了自己职业生涯的第 16 个世界冠军，一举超过高崚（前中国国家队队员，兼女双、混双，先后共获得了 14 个世界冠军），成为世界上获得羽毛球世界冠军数最多的运动员。

参考文献

［1］健康．温州日报．http：//www. wzrb. com. cn/. 2006 - 08 - 22.

［2］丁英俊．大学生体育与健康．开封：河南大学出版社，2002.

［3］羽球总结：公然造假不认错，球员离开奥运没饭碗．华体网．http：//we. sportscn. com/viewnews - 1231546. html. 2013 - 01 - 06.

［4］向盖德致敬．中国广播网．http：//sports. cnr. cn/list/201208/t20120803_ 510452918. html. 2012 - 08 - 03.

第二章　认识球具

一、如何选择球拍

“工欲善其事，必先利其器。”一支称手的球拍，不仅可以帮助练习者提高技艺，还可以减少伤病的发生，而且也能提升练习者的自信心。随着羽毛球拍使用材料的日趋丰富和生产工艺的逐步提高，国内厂商（包括我国台湾厂商）已经可以生产出大量品质一流的球拍，完全满足了专业和业余选手的使用要求，而且性价比相当高。同样性能和材料的一支球拍，所谓知名品牌可能会比一般品牌贵出数倍，这固然有巨大的广告营销成本因素，也是利用了初学的消费者“便宜没好货”的购物心理。

选择的球拍首先应符合羽毛球竞赛规则里规定的拍子长度、宽度要求，拍长不超过680毫米，宽不超过230毫米。新手选购羽毛球拍首先要开好头，不要问羽毛球拍什么牌子好，要针对自己的水平阶段作出正确的选择。由于每个人的体能、年龄不同，因此对于球拍的要求也就各不相同，选择球拍时往往需要从自身力量和打球习惯着手。根据本人多年的经验，如果您对自己的装备有所要求，那么就到羽毛球专卖店选择全碳羽毛球拍，而且是未拉线的那种，最好不要到超市或普通商场购买金属或半金属且已经穿了线的两支装的那种。另外，女士的手掌小、力量弱、控制能力较差，选择球拍时应谨记“轻量化”。“轻量化”使得球拍挥动灵活，容易控制。挑选球拍的最基本原则是手感要好、握挥灵活，在此基础上可参考以下因素：

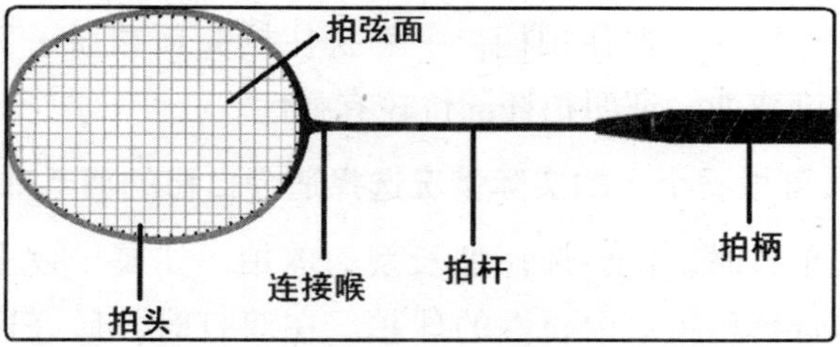

图 2－1　羽毛球拍

1. 拍子的重量要合适

拍子并不是越轻越好，拍子轻了，挥动速度虽然快，但高手在杀球时会感觉用不上力，影响击球的力量。羽毛球拍按照材质不同，可分为钛合金、碳素纤维、碳铝一体、铝铁一体和铝铁分体式等类型。材料的选用和拍子的重量与价格有直接的关系。一般来说，全碳羽拍的重量最轻，是目前的主流类型，大多为 85 ~ 94 克，价格也比较贵；而铝框羽拍的重量一般在 95 克以上，价格比较便宜。同样重量的球拍拿在手中的感觉会大相径庭，这是由于球拍的平衡点不同的缘故。如果球拍的平衡点更靠近拍头，就叫“头重”，打出的球更有力量，但挥拍灵活性略差，更适用于进攻，同时也是那些力量不足的球友的绝佳选择。如果球拍的平衡点更靠近拍柄，就叫“头轻”，头轻的羽拍虽然较为灵活，但打出的球力量较小，更适用于防守控制型球员以及追求速度的球友。所以，适合自己的才是最好的。

2. 检查拍子的整体结构

拿到拍子之后，挥动一下，看看震不震手。震手的拍子一定是拍杆（拍柄和拍头的连接部位，这一部位现在一般由碳素合金钢材料制成）太硬；不震手，说明拍杆较有弹性。也可一手握住拍柄，一手扶住拍头顶端掰一掰，拍子有微度弯曲，证明拍杆部位较有弹性。

3. 可根据个人的实际情况选择适合自己的羽毛球拍

在单打时，适合选择加长型的球拍；如属于攻击型选手，应选择稍重、中硬性的球拍。在双打时，最好选择标准长度的球拍；如属防守型选手，应选择较轻的球拍。

4. 据每个人手形的大小挑选拍柄，以握住拍柄感觉舒适为宜

手大的人，握较细或呈正方形的拍柄会有不舒适之感；手小的人，握粗大的拍柄也不相称。很多初学者常常不知道自己的拍柄需要，甚至没有试过一个拍子，就在网上草率购买。结果往往不是拍柄太细，发力的时候抓不紧，就是拍柄太大抓不稳，或者需要手紧紧抓住，不能放松，影响练习屈指发力。一般来说，正手握拍时，食指和大拇指能把球拍牢牢抓住，后面三指能轻松地扣在拍柄上，并在手心留有一定空隙为最适宜。最后可检查一下拍头有无变形、裂缝或整体弯曲等。

5. 拍头形状

看一下弦装得是否匀称。交叉弦组成的每个方块都要同样大，每条弦的松紧度要一致。拿到一支球拍，首先要看它的形状。球拍一般来说分为两种，目前市场上有传统的蛋形和头部为方形的方头拍框，方头是现在羽拍的主流。方头形的甜区面积更大，同样是击球点偏离了甜区，方头拍要比圆头拍拥有更强的进攻性。虽然圆头拍已渐渐被方头拍所取代，但是圆头拍依旧有它的犀利之处。因为拍头弧形很大，所以当处理网前扑杀时，这部分区域就显得十分重要。另外，椭圆形面积小，所以空气的阻力也小。

6. 磅数

一般新手应选 20 ~ 22 磅，磅数太高拍子显得比较硬，会有一点点震手的感觉，不发力打不远，但是落点控制更有把握，所以初期磅数低一点儿省劲。有一定技巧之后，拉到25 ~ 28磅，击球更有速度，但容易断线。

综上所述，球拍的重量、价格、硬度、材质、拉线磅数、平衡性等方面都是重要的参考，但一支球拍的特性的发挥主要还是由选手的技术和打法来决定的，所以挑球拍的时候应该选适合自己的。

7. 羽毛球拍杆上参数的含义

（1）羽拍椎柄上贴的如 2U、G3 是什么意思？

一般来说，球拍的重量在 80 克到 95 克之间，不同的生产厂家有不同的评测系统，最普及的是 Yonex 的 U 系统。前面的 *x*U 表示羽拍的空拍重量：U— 95 ~ 100 克、2U— 90 ~ 94 克、3U— 85 ~ 89 克、4U— 80 ~ 84 克，一般 Yonex 羽拍的常见重量为 2U、3U、4U。G*x* 表示拍柄的粗细：G1 最粗，G5 最细。

（2）羽拍型号后面的 long、power、light 等标识是什么意思？

long—加长型，比普通羽拍长 10 mm，有助于球员扩大其接回球范围，增强攻击性，发出刁钻短球，击出强而有力的高角度杀球；power—加力型，采用强化攻击力概念（SPT）而设计，球拍顶部较重，能以更小的力量击出高攻击力回球；light—轻型，拍一般重量为3U，使用轻型设计的球拍，比使用传统球拍的挥拍速度更快但力量较弱，更适用于防守。

（3）为什么有的羽拍的椎柄上打有一排数字？

椎柄上打的数字分两种：①仅仅打有一个较大的阿拉伯数字。这表示该羽拍的销售地区，如4—香港东南亚地区、3—北美地区、5—中国大陆地区。②除了较大的数字，还有一串小的数字和英文字母。这种羽拍是Yonex提供给各国代表队的，前面的大数字仍然代表地区，小数字为羽拍的编号，每支都不同，最后的英文字母代表国家：如CH—中国（CN、CP为赞助中国国家队的拍子）、CD—加拿大。[1]

（4）甜点的含义。

甜点不是一个点，而是一个区域。直白点说，就是球拍面的最佳击球区。当击球点在甜区时，能给你足够的击球威力，控球性好、震动感很小，你会觉得球打得很舒适。甜区的大小对球员是很重要的，它能使球员更容易打出高质量的球。而决定甜区大小的最关键因素就是球拍的材质和框形。

8. 球拍的保养

球拍的保养方法，主要有以下几点：第一，球拍闲置时，要注意保持球拍受力均匀，最好悬挂放置，切勿受挤受压，以免球拍变形；第二，注意经常检查羽线，如有严重起毛现象或裂痕则应及时交由拉线商更换，不要等羽线断了才更换，以免球拍拍框受力不均而变形；第三，拉线应采用横竖线分开拉的标准拉线方法，先拉竖线，从球拍顶部中间拉起。拉线磅数最好不要超过球拍上标明的推荐磅数的1.2倍；第四，球拍在使用中要注意尽量避免撞击，球拍正常使用的话，用几年都不会有问题，但碳纤是比较脆的材料，多数球拍用到最后都在无意撞击中断裂；[2]第五，手胶是保护手柄的唯一屏障，手胶的重要性并不逊于羽线，现在有些球手习惯在手胶上撒点碳酸镁粉，碳酸镁可以吸汗、增加摩擦力，这是一个好方法，但注意不要用痱子粉、滑石粉来代替。

二、如何选择羽毛球

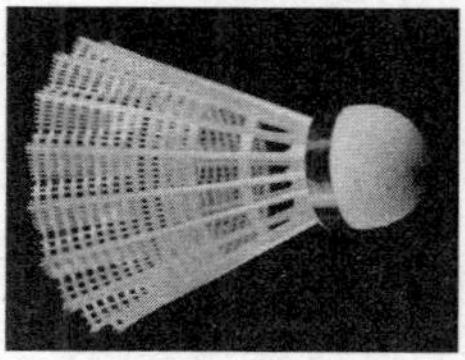

图2－2　塑料球

图2－3　羽毛球

1. 规则要求

标准羽毛球重4.74～5.50克，应有16根羽毛插在半球形的软木托上。球托直径25～28毫米，底部为圆形。羽毛顶端围成圆形，直径为58～68毫米，羽毛应用线或其他适宜材料扎牢。

2. 球速的检验

在一些比较正式的羽毛球比赛开始之前，运动员一般都会检验一下球速，看看球速是否合适。验球时，运动员应在端线外用下手向前上方全力击球，球的飞行方向应与边线平行。符合标准速度的球，应落在场内距离对方端线外沿530~990毫米的区域内。

3. 羽毛球的种类

羽毛球的质量主要由羽毛、球头、胶水三种原材料的品质决定。

羽毛：按质量高低顺序依次为鹅毛、鸭毛、其他禽类羽毛。

球头：按质量高低依次为软木球头、台纤球头、合成球头、泡沫球头。

胶水：按质量高低依次为配合胶水（主要是树脂胶水和其他溶剂混合）、树脂胶水、硝化棉胶水。

家庭中常用的羽毛球，一般多为室外用球，商店里称之为红头羽毛球，因为此种球的底托是用红色橡胶做的，所以打起来比较省力，弹力好，使不了多大劲即能打出很远。但这种球无论是重量，还是飞行速度都不合适，不建议采用。

全塑羽毛球（见图2-2），每个球为一个整体，其制造工艺很简单，不必编线捆绑，也不会发生掉毛问题，成本也比较低，但一般球速较快，并不是正式的比赛用球。

正式比赛用球则为白头羽毛球，也叫室内羽毛球，其底托的用料，内为软木，外包白色羊皮，选料、制作都比较严格（见图2-3）。

4. 挑选羽毛球的标准

首先要看羽毛球底托的质量好坏，红托球的橡胶薄厚要均匀，胶合要紧密。白托球的软木直径应为25毫米，其形状要圆，木质要软，羊皮膜包扎要细、要牢固。检查球托弹力是否好时，可用手捏一捏，也可以将球在球拍上轻轻向上托几下。

其次要看羽毛是否扎牢，每个羽毛球规定要扎16根羽毛。最好的羽毛为鹅翎。因为鹅翎翎管坚硬、挺直、抗打耐用，下落速度符合标准。鸡、鸭翎就不如鹅翎质量好了，其翎管细、管壁薄，常常会出现弯曲现象。挑选羽毛时，羽毛越白越好（专门染色的除外）。羽毛长度为60~70毫米，要长短一致、间隔均匀，毛翎要粗细相同，不可有倒毛、断梗、虫蛀等现象，否则球打出去会产生偏斜。

5. 羽毛球的重量与球筒上相应参数的含义

（1）现在所购的羽毛球球筒上设有速度（重量）的标记，一般有76 ~ 79或1 ~ 4的标号，如何理解？

现在生产羽毛球的正规厂家，在羽毛球的速度（重量）上有自己的一套标准，一般会在球筒的顶盖上标注：76、77、78、79或1、2、3、4。其标号数值越小则表明球速越慢，标号值越大则表明球速越快。

（2）羽毛球的重量对羽毛球飞行有何影响？如何选择羽毛球的重量？

羽毛球的重量轻则球速慢，反之，则球速快。羽毛球球体很轻，其速度快慢首先取决于羽毛球的重量；其次，气温的高低、空气的湿度大小以及打球地点的海拔高度，对其重量选择都有较大的影响。一般夏季气温高、湿度大，或高海拔都要选择重量较轻的羽毛球。冬季气温低、气候干燥、湿度小，或低海拔就要选择重量较重的羽毛球。[3]

表 2-1 羽毛球重量选择与气温关系的对照表

羽毛球重量	标号	温度环境	气温
球重 4.74 克	76	夏季高温	在 30 摄氏度上下
球重 4.8~4.9 克	77	春、秋气温稍高	气温在 25 摄氏度左右
球重 5.0~5.2 克	78	春、秋气温略低	气温在 18 摄氏度以下
球重 5.3 克	79	冬季比较寒冷	气温摄氏 5 度左右

（3）使用过重或过轻的羽毛球有哪些弊病？

羽毛球的整体重量过重或者是球头过重，在击球时引起的震动较大，对于羽拍和羽弦的冲击较大，会降低羽拍和羽弦的使用寿命，最明显的就是羽弦的寿命会大大缩短；另一方面，由于引起的震动会传递到击球员的手臂、手腕上，长期下去对于这些部位也会有一些不好的影响。而羽毛球的重量如果太轻，由于击球不到位，球员需要发出更大的力量以达到击球到位的目的，这样容易引起手臂的疲劳，对手臂造成伤害。所以，选择重量合适的羽毛球不仅能更好地享受羽毛球运动的乐趣，还能够降低受伤的风险。

6. 对羽毛球的保护和修理

（1）羽毛球的保护。

很多朋友常常发现，相对于乒乓球和网球来说，羽毛球的羽毛较脆，更容易损坏。对于经常打羽毛球又对球的质量有较高要求的球友而言，它应划属于“昂贵”的消耗品之列；从另一方面说，出于响应国家绿色低碳的号召，我们也应该学些羽毛球保养与修理的小技巧。

首先你要知道你用的是什么球，羽毛球的羽毛原材料主要有鹅毛和鸭毛两种。鸭毛耐打度没有鹅毛强，具有毛片易断，羽毛较薄、脆性大等缺点。鸭毛球湿度大时比较耐打，湿度小时很容易断毛；而在干燥的天气，鹅毛球也会很脆。因此，通过增加羽毛的湿度，可以增强羽毛球的耐打性。

• 用蒸气来蒸羽毛球，打球前将上下球筒盖打开，让开水的蒸汽从球筒通过。

由于南方和北方湿度存在差异，对羽毛球的处理方式也要有所不同。在南方，一般空气的相对湿度均在 75% 以上，所以不必用蒸气来蒸羽毛，因为用蒸气蒸过后，球会增加一定的重量，飞行速度将变快。而在北方特别是冬季，用蒸气蒸的方法对提高羽毛的使用寿命还是有一定作用的。由于北方天气比较寒冷，空气密度也相对大一些，所以即使羽毛球增加了一点儿重量，飞行速度会快一点儿，但空气阻力也同样会大一点儿，飞行速度改变不会太大。

• 将球的羽毛部分放入温水中浸十几秒钟，然后甩一甩放入球筒，两头封实，过几个小时或第二天用的时候，球的耐打性明显提高。

• 避免阳光直接暴晒，否则毛杆水分蒸发，羽毛易断。

• 要避免长期放置在潮湿处，否则容易发霉。

（2）羽毛球的修理。

我们经常会碰到这样的情况，一个羽毛球打坏了，但是并不是每根羽毛都损坏了，还有一些比较完好，多搜集几个类似的球凑够 16 根较完好的羽毛，就可以进行旧球的再利用了。

步骤为：选底—下毛—选毛—上毛—过秤。

• 选底。即要选出一个球毛的完好率相对较高、球头无损伤且重量比较合适、特别要求两根固定羽毛用的线不能有损坏的球作为再生的底座。

• 下毛。这一步比较简单，把收集到的旧羽毛球上的系毛绳剪断，用手把选中的羽毛轻轻地从球头上拔出，清理掉毛上的多余物并将羽毛理顺。

• 选毛。由于用于羽毛球的羽毛根据品牌和型号不同有很多种，如直刀毛、斜刀毛、弯毛等，所以一定要把不同品种的毛分开，并注意羽毛的走向，保证选出的羽毛和用作底座的球毛相同，不然羽毛球的飞行就会出现不稳定、易旋转等问题。

• 上毛。这一步是最关键也是最困难的一步。由于不能损坏底座上的两根固定羽毛用的线和球头，所以在去除底座上的坏毛时要特别注意，首先把坏毛剪成 3 或 4 截，用尖嘴钳把插在球头里的毛根小心拔出，千万不要损坏球头。用钳子把系在固定线上的羽毛杆从线孔中抽出，注意不要损坏或扩大线孔，将固定线孔清理干净，然后把选好的球毛沿原有的线孔插入球头（要注意毛片的正反面），插好后要和原有的球毛高度相同。必须去除一根坏毛的同时上一根好毛，不能把底座上的坏毛全下光了才上好毛，这样才能保持 16 片毛能围成一个正圆形，也更方便操作。全部上完后可根据情况在球头和线孔处上一些胶水，这一步视情况而定，一般不需要。

• 过秤。把再生的球过秤后，标出重量，收好备用。再生球的性能肯定不如新球，但在一些要求不是很高的场合，如热身、普通练习时完全是可以用的。

三、如何选择羽毛球鞋

一双合适的羽毛球鞋是打羽毛球的基础装备，也是最重要的装备之一，因为脚下的一双鞋与健康和安全有直接关系。一双好的羽毛球鞋要具备以下几方面性能：

1. 鞋底的防滑性

目前所使用的材料中，生胶是最好且没有什么替代品的制鞋底的材料。

2. 缓震和缓冲击的性能

一般的鞋是靠鞋垫来减震的，有些厂家采用了加厚的鞋垫，但由于羽毛球运动的急起急停很剧烈，所以好一点的鞋都在这方面花心思，有的在脚后跟下面加小气囊垫子，也有在鞋底里加硅胶的。

3. 专业使用的耐磨性

羽毛球运动的一个显著特点是，步法正确后，左鞋（右手习惯的人）前内侧由于拖动较多，磨损特别严重。所以，专业的羽毛球鞋都在这方面有专门的设计（如图2-4）。

图2-4 羽毛球鞋前内侧处理

4. **对脚的保护性**

羽毛球鞋对脚的保护集中在两方面：一是脚弓部位，二是脚踝部位。一般来讲，把后半截鞋做硬一点就可以了（一般会加一块硬质的东西），但脚踝部位的开口要软一点，不然会磨脚。

5. **舒适性**

选择羽毛球鞋一定要比平常的鞋略大一点儿，不然跑动起来脚会被包裹得很不舒服。羽毛球鞋选择时应注意前松侧紧。侧紧，是为了避免侧滑，防止扭伤；前松，上网时可起到缓冲作用，鞋头不宽松的话，移动中上网时极有可能会顶到最长的脚趾，严重的还会使脚趾甲受损。一般来说，羽毛球鞋要比平常的鞋大半码到一码，不过记得要穿专业的羽毛球袜，一双袜子占半码，留半码给脚就刚刚好。激烈的羽毛球运动中，双脚的血液循环要比平时快得多，双脚充血也较平常严重，在试穿的时候正好合适的鞋子，下场以后都有可能觉得紧，更别说码数小点儿的鞋了。所以，很多羽毛球爱好者总是觉得鞋买大了一码以后会非常别扭，每次买鞋都要考虑买正好甚至略小的，这是非常错误的。

四、如何选择羽毛球服

羽毛球运动与其他运动相比，具有动作幅度大、多在室内运动、出汗非常多等特点，所以对于服装的要求也与其他运动项目不同。选购羽毛球运动服需要注意以下几点：

1. **服装选择要合体、宽松**

羽毛球运动的动作幅度大，这就要求进行羽毛球运动时所穿的服装（通常是短袖运动衫和运动短裤）不要太紧，否则会束缚肢体的伸展，进而影响动作的准确性，但是也不要过于宽松，否则也会对运动造成障碍。

2. 材质的选择

在运动服的材质上，尤其是短袖运动衫的材质上，应尽量选择吸汗排湿的材料，而不要选择纯棉材质的服装。纯棉材质的服装虽然吸汗力很强，却不排湿，湿漉漉地粘在身上很不舒服。目前，多数的羽毛球专业品牌所提供的羽毛球衫都有吸汗排湿的功能。

3. 运动裤的选择

运动裤的材质没有运动衫那么讲究，但也有一定的特点。目前比较流行的是弹性材料的短裤，这种材质的短裤既不显得过于松垮，又不会影响运动者大幅度的跨步动作。不合适的短裤，要么是单层棉布材质的，必须做得非常宽大，才能确保大跨步的动作不受束缚；要么是加了衬里的，这种设计的短裤保证了短裤的强度，但有很大的几率会影响到腿部动作的幅度。

五、如何选择羽毛球手胶

图2－5　羽毛球手胶样式

1. 手胶的作用

我们买到的新羽毛球拍的拍柄上一般都已经包覆了一层胶皮类的东西，专业术语叫作“内柄皮”，其作用是防止拍柄内纤维组织遭受汗水、空气、有害元素等的损害，以延长球拍握柄的寿命。内柄皮一般都有很好的防水性能，但吸汗性能较差，而且仅有内柄皮的球拍，握起来一般都太细太硬，很不舒服，所以通常来说，我们都会再买一个手胶来缠在拍柄上。手胶除了具有使握持时更加舒适和保护手的用途之外，还有吸汗、防滑、调整拍柄粗细和调节球拍重心的作用，所以手胶也被称为“吸汗带”。一个用起来顺手的球拍，手胶的作用不容小视。

2. 手胶的选择

市面上销售的手胶有很多种，羽毛球爱好者可以根据自己的喜好来选择。根据材料的不同，可以分为毛巾胶和聚酯材料的皮质手胶。皮质手胶又可以根据表面的形态分为有纹和无纹两类。有纹的手胶根据花纹的类型又可以继续细分，比如带棱的、带槽的、带孔的等；无纹的手胶也可以分为光滑表面的和黏性表面的。带棱的手胶一般都比较厚，而且缠好之后会有棱形突起，有助于抓握得更加牢固，防止出汗之后拍柄打滑；带槽的手胶也会有助于抓握的牢固性，但会薄一些，适合于那些喜欢细手柄的爱好者；而黏性表面的手胶通常是最薄的，会在手心出汗时增加手与拍柄的附着力。毛巾胶的吸汗性毫无疑问是最好的，而且很柔软，手感很好，但是通常会很厚，使拍柄变得很粗，而且毛巾胶在打过几次球之后，会变得很硬，手感会大大下降。由于拍柄粗细的喜好因人而异，球拍拍柄在缠手胶之前的粗细也是不同的，一般用 G4 或 G5 来表示，G5 的手柄要比 G4 的更细一些，所以选择手胶的时候一定要考虑到原来手柄的粗细。

3. **手胶的缠法**

最困扰一些新入门的羽毛球爱好者的问题，可能就是缠手胶了。西方有句谚语，“阻止你前进的有时不是眼前的高山，而是鞋里的一粒沙”，便是说一些离自己最近的细节不可忽视。古人又云：“如人饮水，冷暖自知。”缠手胶还是要自己学会，才能总结出最适合自己的缠法（见图 2 –6）。

（1）揭开手胶表面的保护膜，此面手胶缠在外面，与手掌接触；另一面缠在里面，与拍柄接触。

（2）揭开手胶尖头的双面胶，此处是手胶开头的地方，将此处贴在拍柄末端并加以固定。

（3）右手适度拉紧手胶，这一点很重要。让胶面微微变形，可使胶面更贴合拍柄且不易移位。右手拉的同时，左手拇指压紧胶面防止其回弹，慢慢将手胶缠上拍柄。注意是微微变形，不要使其变形太大。

（4）用剪刀将手胶剪个斜口，方便封口。

（5）开始封口，不过这时还少了点东西，此时手胶的另一附件便登场了，那就是封口胶条，类似绝缘胶带。

（6）缠封口胶条与缠手胶的手法大同小异，一边压住，另一边开始拉。拉断后的胶面很薄，手摸过去几乎没有凹凸感。也可以选择用黏性强、薄的绝缘胶带，因为它要比自带封口胶宽，不容易松开，非常好用。

（7）至此，大功告成。以后缠手胶不用非得到专卖店了，也不用求人帮忙了。

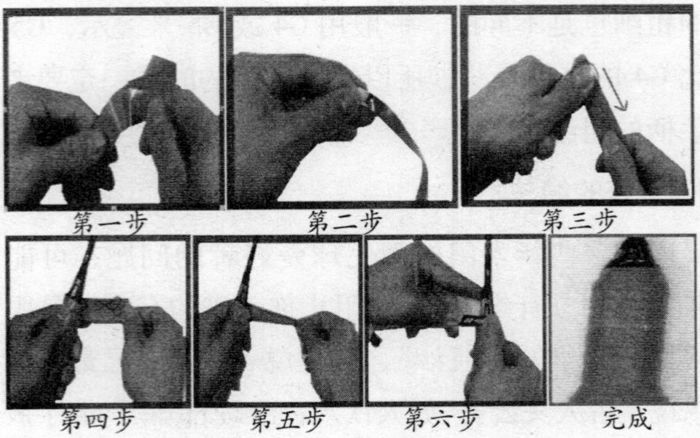

图 2－6　手胶的缠法

六、羽毛球拍著名品牌

1. 李宁（LI-NING）

中国民族品牌，后来居上，2008 年收购国内第一羽毛球品牌凯胜，2009 年更是强势崛起，拿下了中国国家羽毛球队的赞助权。其型号包括 N90（林丹专属款）、N77（杜婧、于洋专属款）、N70（鲍春来专属款）、N55（陈金专属款）、N50（傅海峰专属款）、N33（蔡赟专属款）等。作为羽毛球强国的本土品牌，李宁目前共有数十种型号，覆盖各个价位，适合羽毛球初学者、羽毛球爱好者和专业羽毛球运动员使用。

2. 尤尼克斯（Yonex）

Yonex 是世界著名的羽拍品牌。为了统治羽拍市场，也为了尽量满足不同的使用需求，Yonex 研发了大量的型号，让人眼花缭乱。作为世界知名的球拍专业制造商，Yonex 完全体现了日本工艺精益求精的特点，牢牢占据着羽毛球拍世界第一的地位，同时网球拍也得到许多知名球星的喜爱。

3. Victor

Victor，胜利公司简称，创立于1968年，为世界知名的羽毛球、羽拍、网球、运动服饰及羽网系列用品专业制造厂商。以自创的Victor（威克多）品牌行销英、美、德、法、日、北欧及东南亚二十余个国家及地区，广受世界球友喜爱，名列世界主要羽毛球品牌前列。

4. Kawasaki

Kawasaki创始于1915年，是全球知名运动品牌之一。早在1973年，Kawasaki就制造出世界上第一支碳素网球拍，成为体育装备领域的一项历史性突破，开创了整个网羽行业碳素时代的先河。虽然它后来被李宁公司收购，但球拍实行双品牌模式，即打两个LOGO。作为百年经典品牌，Kawasaki始终秉承开拓创新的信念，一直进行技术的革新、突破，不断推出领先全球技术水平的运动产品，受到全球网羽爱好者青睐。

5. Wilson

Wilson网球拍的世界销量最大，旗下拥有桑普拉斯、威廉姆斯等顶尖网球高手，新拍层出不穷。羽毛球拍的产品也异常丰富，必有一款适合你。

6. Tactic

Tactic（泰迪）羽毛球系列创建于20世纪70年代末，被丹麦、德国、英国、意大利等欧洲国家羽毛球队选为专用产品，产品用料精细，品质控制严格，产品设计达到了国际先进水平。

7. Head

Head是来自奥地利的网球拍和羽毛球拍品牌，也是目前唯一大部分高档球拍均在奥地利本土设计、生产的高贵品牌，技术创新能力在业界享有盛誉，开发出了第一款钛合金球拍、第一支主动避震的智能压电球拍。其精益求精的名牌品质保证，为您迎来球场生涯中最精彩的一刻。

8. **Babolat**

Babolat（百保力）是法国著名的羽球运动品牌，迄今已有近百年的历史，现在已成为欧洲最大的羽拍品牌之一。Babolat 羽拍设计风格独特，具有以下结构设计特点：外观以磨砂面为主、羽线采用 Hyperbraid 技术生产、球感好、包装精良，但价格昂贵，堪称“贵族羽线”。

9. **FZ FORZA**

FZ FORZA 是丹麦第一羽毛球品牌，拥有纯正的欧洲血统，创立于 1990 年，在欧洲可与之抗衡的寥寥无几。100% 丹麦设计，产品系列齐全，涵盖球拍、服装、羽毛球鞋、球包、手胶、羽线等。FZ FORZA 拥有北欧独有的风格，所有产品均由专业运动员测试，追求精益求精的品质。[4]

参考文献

［1］羽毛球拍选购建议以及注意事项．百度经验，2013－04－10.

［2］羽毛球日常保养注意事项．http：//www.049.cc/qitatiyu/2012/0524/430.html．2012－05－24.

［3］羽毛球生产信息一览．中国产业研究报告网，2012－12－18.

［4］FZ FORZA 官网介绍．FZ FORZA，2011－12－11.

第三章　羽毛球技术常识

羽毛球技术包括握拍、发球和基本站位及其后场、中场和前场的各项击球技术的基本手法和相应的基本步法，但如果从宏观上而言，运动前的热身、熟悉球性等方面也应包括在羽毛球技术之中。本章及以下的章节，将逐一详细介绍。

一、握拍方法

看一个人是不是真的会打羽毛球，很多时候看他会不会握拍就可以知道。没有学过羽毛球的人多数都是像握苍蝇拍或握平底锅一样的握法，即虎口对着正拍面，这样握拍击球时的发力会受到较多局限（不利于正反手的换握、正手杀球，会失去鞭打效果等）。

俗语说："良好的开始是成功的一半。"正确的握拍方法是最基本的羽毛球技术，不会正确握拍，击球、发力方法等就无从谈起。所以，掌握正确的握拍姿势是一个很重要的因素。

可以说，"羽毛球的球拍是选手手臂的延伸"。正确的握拍可使球拍与人的手有机地融为一体，选手可用这只"延长的手"随心所欲地迎击不同方向、不同速度的来球，达到手与球拍之间的完美结合。

羽毛球的握拍分为正手握拍和反手握拍。但对于一名高水平的选手来说，握拍不是一成不变的，在实战中为了更好地控制球的落点，应视具体情况，因时因地细微地调整握拍。羽毛球运动中应该“打什么球就握什么拍”说的就是这个道理，但所有这些调整都是建立在正、反手两种基本握拍技术的基础上的。

1. **正手握拍技术**

以下介绍的所有基本技术均以右手握拍者为例，左手持拍者则反之。一切在身体右侧的正手正拍面击球及头顶后场击球都采用正手握拍法，正手握拍技术动作要领如下：

（1）先用左手握住球拍，使拍框与地面垂直。

（2）张开右手，使虎口对准拍柄斜棱上的第二条棱线（见图 3－1 中右小图中的 A 棱线），然后用近似握手的方法握住拍柄，拇指和食指贴在拍柄两侧的宽面上，其余三指自然握住拍柄。

（3）拍柄与掌心不要握紧，应留有空隙。握拍的位置可视各人情况而定，一般情况下，以球拍柄端靠近手掌的小鱼际为宜。

（4）握拍力度适宜，恰似握着一个鸡蛋，重则破损，轻则滑落。

正手握拍法的技术关键有两个，一是要放松，二是要灵活，以便使手指能在击球的瞬间最大限度地发挥出力量。

放松与否，要凭自己的感觉，如果从手臂、手腕到手指的肌肉一直很紧张，说明不够放松，达不到击球瞬间肌肉要收紧并发力的要求。在不击球时，拍柄应当松松地握在手中，让掌心和拍柄之间可以放进去至少一根手指；同时小指要勾紧拍柄，以不会在击球时把球拍甩出为标准（见图 3 -1）。

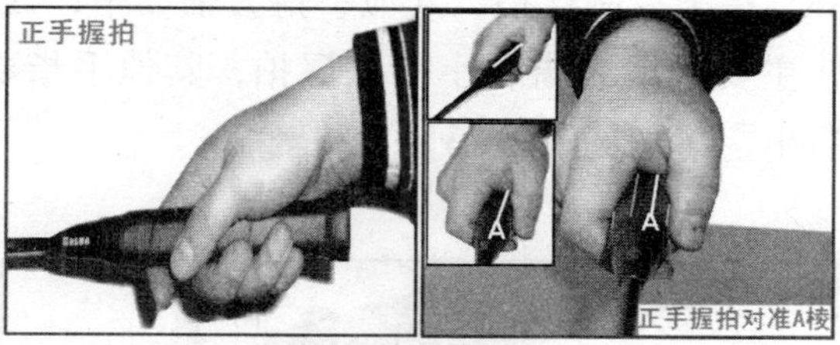

图 3 -1　正手握拍

2. 反手握拍技术

一切在身体左侧的反手、反拍面击球都采用反手握拍法，反手握拍的动作要领如下：

（1）在正手握拍的基础上，将球拍柄稍向外旋，拇指顶贴在拍柄第一斜棱旁的宽面上，也可将大拇指放在第一、二斜棱之间的小窄面上，食指稍向下靠（见图 3 -2）。

（2）击球时，靠食指以后的三指紧握拍柄，同时拇指前顶发力击球。

（3）为了便于发力，掌心与拍柄间要留有充分的空隙。

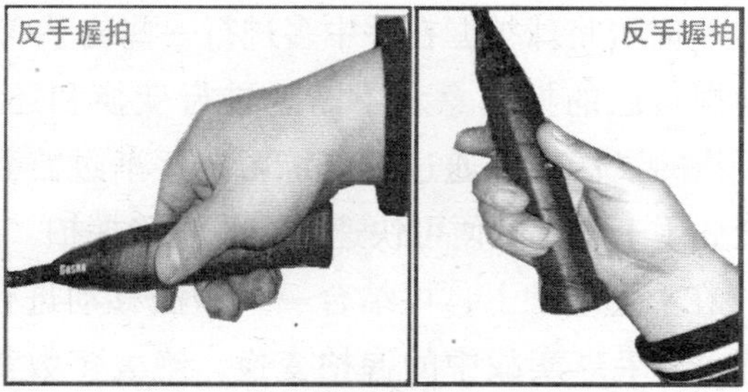

图 3 -2　反手握拍

3. **其他握拍技巧**

其他握拍技巧的主要手指图解：处理网前球时，主要靠拇指和食指来控制球拍，其他手指为辅助指；处理中后场球时，主要靠无名指和小指来握拍，其他手指要虚握，为发力留出空间（见图3－3）。

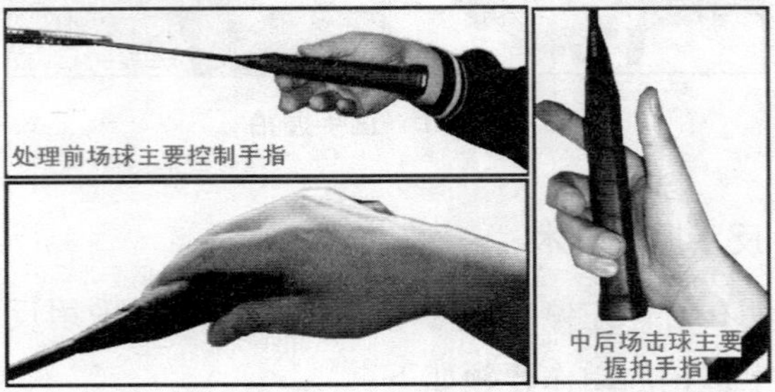

图3－3　其他握拍

4. **握拍练习步骤**

（1）认真学好正、反手基本握拍方法，因为各种握拍方法都是在此基础上变换而来的。让握拍手自由转动拍柄后，按照正确的技术动作要领，独立调整完成正手握拍动作和反手握拍动作，并观察动作是否正确。

（2）平时可将球拍握在手中多进行一些徒手变换练习，让球拍根据自己的换拍意念不断地进行变换和还原运动，以锻炼手指的灵活性。通过反复练习，逐渐过渡到不用眼观察，全凭手上的感觉便可快速地完成正确握拍。

（3）在上述基础上，可结合一些步法移动进行变换握拍的练习。羽毛球实战中的握拍变换，绝大多数都是在启动和移动中间完成的，也就是说，是在引拍的过程中完成的。如能结合步法和引拍进行练习，达到熟练的程度，效果也就可想而知了。

二、准备活动及熟悉球性

1．一定要做自我检查和准备活动

许多羽毛球练习者不考虑涉及羽毛球运动初始阶段的个人运动机能条件，就全身心地投入（专业）羽毛球技术训练中，用业余的身体体验专业羽毛球的技术和训练方法。我曾看到一位四十余岁的初学者卖力地练步法和上肢力量，一个月后再看见她时，她一个人在原地挥臂训练扣杀，有好心人提醒她练扣杀应该结合步法练，她说："我患了膝关节劳损，不能移动和跳跃。"又过了一个月，见到她静静地坐在椅子上看着别人打球，别人说她又患了肩周炎。这充分地说明，在有兴趣的情况下，也要有针对性、有方法地进行练习，否则不但容易受伤，而且技术进步慢，进而影响到兴趣的维持。

大家可以在羽毛球爱好者（非专业运动员）中观察到：越是球技高超、好胜心强的人，在大型比赛中越容易受伤。他们始终追求专业球员的技术（虽然知道永远赶不上），追求的过程中忽略了专业球员一周 7 天、每天 8 小时不断地训练，而且会采用积极的放松和恢复方式，而我们有多少时间呢？我们的关节、韧带、肌肉在承受一天的工作量后，如果不讲方法地训练，即仍然要超负荷地运动，身体怎么能承受呢？并且，专业运动员涉入羽毛球的年龄是儿童时代，而大多数爱好者的起步要晚很多。所以，两者在羽毛球运动中所用到的各个部位的关节、韧带、肌肉的性能相距较大，训练的方法和目标肯定不能一样。

每位羽毛球爱好者都应该以智者和学者的心态了解羽毛球的运动技能要求与技术要求；同时，也应结合自己的能力，恰当地确定自己的运动技能目标。一些球友只羡慕别人的球技能力，努力训练，力求超越，但忘了考察别人的运动条件与自己的差距，过度的训练和超能力的体验，将导致事倍功半。

另外，我发现有些羽毛球爱好者，绝大多数都没有很好地热身，一上场就是发了疯似的拉后场高远球，都是拼命打球的架势，想练练高远的落点都比较困难。而且这时候往往没有什么手感，几个回合就把球打断毛。如果除了高远球以外，其他热身活动做得太少，尤其在温度比较低的情况下，我们自身的肌肉和韧带仍处于僵硬和紧张状态，容易导致运动伤病的发生。所以，为了避免大家在运动中受伤，打球前的准备活动和热身就变得尤为重要。所谓“磨刀不误砍柴工”，就是这个道理。

通常的准备活动多是伸展运动，其中有静态伸展运动和动态伸展运动两种。静态伸展运动需要我们把肌肉拉伸到最紧的那一点后，继续保持一会儿；动态伸展运动则多是些快速的运动练习。研究表明，以静态伸展运动为主，辅之以少量的动态伸展运动，合理搭配、适时运用，对于运动者来说大有裨益。

2. **准备活动的内容**

（1）可以先从慢跑开始，等身体发热后便开始拉韧带。大部分的伤病都是韧带拉伤，可见这一步的重要性。在英语中，“热身”是“Stretch”，本义就是“拉伸”。韧带自上而下，包括颈韧带、肩韧带、肘韧带、腕关节、腰腹、髋关节、膝关节和踝关节。

（2）尤其要注意颈部的拉伸。颈部拉不开，在抬头、后仰、侧身、反手时可能会扭到，症状同落枕类似。

（3）肩韧带的拉伸主要包括上下和左右两个方向，前者是为了做好击打高远球的动作，后者是为了做好勾、推球动作。

（4）肘韧带和腕关节拉伸，主要是环绕动作。

（5）腰腹运动比较重要，因为羽毛球运动的腰腹发力很重要。腰腹拉伸主要以腰为轴，做360度拉伸，先来一个深躬（不屈膝），然后侧身，来个“铁板桥”，再侧到另一边，后回到深躬，依次循环直至彻底拉伸。

（6）髋关节是最大的关节，受力最大，也最重要。一般来说，髋关节不易受伤，但是一旦受伤就是重伤，所以要捎带着顶一顶髋（即弓部压腿和侧压腿）。

（7）膝关节和踝关节最易受伤，需要重点关注。自几百万年前，人类学会了直立行走开始，膝关节就开始承受了超出其设计标准的压力，所以更应该好好保养。膝关节的内侧韧带在转身过猛或脚下打滑时可能会伤到，这往往还附带着半月板损伤。因为膝关节的髌骨韧带、外侧韧带和踝关节主要承担支撑作用，在跳跃时承受的力量约为体重的8～10倍，需要重点保护。膝关节拉伸和踝关节拉伸都包括环转和蹲起两个环节，前者活动内外侧包裹韧带，防止拉伤；后者活动髌骨韧带和足部跟腱。

3. 热身后的练球

在躯体热身后，还要进行技术热身，培养手感。很多球友在这个时候就开始发力地拉后场高远球，实际上这是不对的，既不利于培养手感，也容易因发力过猛而导致损伤。正确的做法是：

（1）先对打几个半场球，做一下推球、杀球、吊球、放球、勾球的动作，但都不要加力，主要是体会一下动作要领和手感。练球的关键是“玩球”，在对手适应后再慢慢加力、加角度，但不要把球给打死了，捡球其实很费时间和精力。

（2）拉几个半场球，手热了之后可以练练放小球、勾对角，注意要一次专注练一项。有些球友一上来就左放右勾，煞是好看，但这并不利于巩固技术，真的打起来你就会犹豫是放呢还是勾呢，出了手之后往往会发现是放得也不对、勾得也不好。

（3）慢慢加力练平抽挡，注意反手推对方正手、推对方反手，正手抽对方正手、抽对方反手，一样打 10 个球，别下压、别挑球、别放网，重要的是打控制，这主要是为了稳定技术动作。

（4）最后才是对拉高远球，分为直线高远和斜对角高远两种。拉的时候切忌一个左一个右、一个近一个远，看着挺过瘾，实际用处不大。好的高远球不是那种落点不一致的球，而是在不同击球位置将几十个高远球都可以打到一个点，这才是菜鸟和高手之间的区别。那种左一个右一个的球是在练对方，是在浪费自己体力，而质量高的重复落点对单、双打都不吃亏，都很有杀伤力。等到练习完高远球后，热身才算结束，接下来你就可以投入到激烈的比赛当中去了。

顺便说一下，大多数爱好者不知道运动后的放松运动有何益处，打完球穿起衣服就走，最多休息几分钟再走，忽视了运动后的放松对恢复肌体及各部位关节、韧带的积极作用，这也是专业运动员与业余爱好者的区别。所以，要重视羽毛球运动后身体的充分放松（主要以拉伸为主）。

4. 从熟悉球性开始

所有物体都有自己的运动规律，羽毛球也不例外。所谓羽毛球的球性，是指羽毛球本身固有的运动规律、运动方式，也就是羽毛球在空中的运动轨迹、形态、飞行速度、高度、远度、方向和落点等特性。掌握了它的运行规律，我们就可以自如地控制它。[1]其实熟悉球性之于打羽毛球，就如同学习英语过程中，只有词汇量足够，才能进入相应的阅读和写作等更高阶段。

对于羽毛球初学者来说，技术的练习是一方面，对于球性的熟悉，即手感的培养也非常重要。熟悉球性不受场地与空间的限制，平时有空的时候，就可以拿起球拍做球性的适应练习，从而培养良好的手感。

羽毛球球性练习的方法有很多，也很有乐趣，下面介绍几种：

（1）用正手握拍法持拍，向上颠球，不用颠得很高，但要保持连续性。

（2）交替用正反手向上颠球，保持连续性。

（3）颠球的同时变换身体姿势，站立颠球、边走边颠、坐着颠球、小跑颠球、背后绕拍颠球、腿下颠球等，看看你还能想出多少方式。

（4）在空旷的场地上把球尽量击高（这个练习可以在场馆里场间休息时进行），正手抽击和反手弹击，注意击球前动作不要挥舞太大，在击球瞬间发力并迅速制动，尤其对反手练习效果最大。球应垂直升起和下落，偏离太多说明拍面不正。

（5）用球拍从地上捡球，正手捡球、反手捡球，反复练习。

（6）用球拍在空中接球，接垂直下落的球和对方打过来的球，正手接球，反手接球。将球向上抛起，然后用单手接，也可以两手交换，自己增加难度，培养空间判断的感觉。

（7）面对墙壁对墙击球，羽毛球撞墙反弹后利用拍面连续击打，难度自己控制。一般来说，距离墙壁越近、球速越快、次数越多，如果同时正反手结合，那么难度就更大。

（8）用一支球拍同时向上连续颠两个羽毛球（难度较大）。

（9）两人相对距离5~10米，从同时发球开始，然后用高远球的方式击球，保持两球不落地（难度较大）。

（10）三人站成三角形，这个时候可以有两种练习方式：一是相距较远时，用上手击高远球的方式，将球按顺时针或逆时针顺序轮换击打（此方式有助于提高高远球的击球线路转化，提高对拍面的控制能力）；二是彼此相距较近时，用下手轻挑或挡放网的击球方式，将球按预想的顺序轮流击打（此方式有助于练习网前球的手感）。

总之，熟悉球性不只是初学者的任务，而是应该贯穿每位爱好者的整个运动生涯，自己控制难度和运动量，自己变换、创新练习方式，还能提高自信心。中高级水平的爱好者往往将击球动作的一致性（假动作）和熟悉球性结合起来，相信大家能从熟悉球性的过程中体会到乐趣，也一定能慢慢地感受到熟悉球性对于提高羽毛球技能的重要作用。

三、羽毛球基本技术概述

严格说来，羽毛球运动的基本技术主要由上肢的基本手法和下肢的基本步法两大部分组成。上肢的基本手法又由握拍、发球和击球三个技术部分组成，下肢的基本步法则由基本站位、前场上网、中场左右和后场后退步法组成。在羽毛球运动中，上下肢的基本技术既相互独立、各成一体，又缺一不可，共同构成一个完整的有机体。只有把上肢的基本手法和下肢的基本步法最佳结合的球员，才能称之为一名优秀的球员。

羽毛球场地全长 13.4 米，宽 6.10 米，就单打场地来说，由后场至前场的直线距离就达 6 米多，由左边线至右边线的距离为 5 米多，一名选手实际控制的区域为 30 多平方米。也就是说，一名选手必须在这块 30 多平方米的场地上，首先靠双脚不停地移动和奔跑抢到最好的位置，然后迎击对手以不同力量、不同角度所击出的球。可以说，任何一个漂亮的击球都是建立在步法到位的基础之上。然而，如果手上功夫不到家，步法再好也发挥不了作用。因此，任何一名选手都必须将时间用于正确、系统、熟练地掌握上肢的基本手法和下肢的基本步法两个方面。

1. 击球的基本线路

所谓击球线路，是指球被运动员击出后在空中运行的轨迹和场地之间的关系。

羽毛球运动员击球线路之多是无法胜数的，以下只简单介绍决定羽毛球线路规律的几条基本线路。我们仅以运动员（右手持拍）正手击出的三条球路来分析一下球的线路名称：第一条，从自己的右方打到对方的左方（线路与边线平行），可称为直线；第二条，打到对方的右方（线路与边线有较大的角度），可称为对角线；第三条，打到对方的中线（线路与边线有较小的角度），可称为中路。同理，反手（后场、中场、前场）的三条基本击球线路，亦可这样称呼。在具体称呼时，可与正手、反手结合在一起，如正手直线、正手中路、正手对角线、反手对角线等。若在中线击球时，可这样称呼：打到对方场区的左方为左方斜线，打到对方场区的右方为右方斜线，打到中间为中路球。在对羽毛球线路的称呼上应注意以下问题：首先，要看击球点和球的落点靠近哪里，击球点靠近右边线，而落点靠近中线，都称为正手中路球；其次，要根据击球时所用的技术名称，如反手搓球，可称为反手搓直线、反手搓中路球等。

总之，羽毛球的基本线路可分为五条，即左方直线、中路直线、右方直线、右方斜线（右方对角线）、左方斜线（左方对角线）。而根据击球运动员站的位置（左、中、右），每个位置又可分别击出直线、中路、斜线，因此又可派生出九条线路来。羽毛球的击球线路之多无法描述，但其基本线路就那么几条，掌握了其规律，对我们的训练、比赛都是大有益处的。

2. **羽毛球击球点和场区分类**

正拍：用持拍手掌心一边的拍面击球。

反拍：用持拍手手背一边的拍面击球。

头顶球：击球者用正拍拍面击打反手区肩部上方的来球（上手球）。

击球是指运动员挥拍击球时，拍与球接触的一刹那。

运动员站在左半区迎击对方来球叫作左半区击球，在右半区的击球叫作右半区击球，站在前场、中场、后场的击球，则分别叫作前场击球、中场击球、后场击球。除此之外，根据来球高度的不同，又可分为上手击球（高于肩的来球，击球点在肩上）和下手击球（击球点低于肩）。如果技术运用合理，会根据比赛需要击出不同落点与弧线的球。

3. 按击球时击球者在场上的位置分类（如图 3－4）

前场：前发球线附近至球网的区域。

后场：从端线至场内约 1 米处的区域。

中场：前、后场区之间的区域。

左、右场：以发球区的中线为界，分为左、右两个场区。

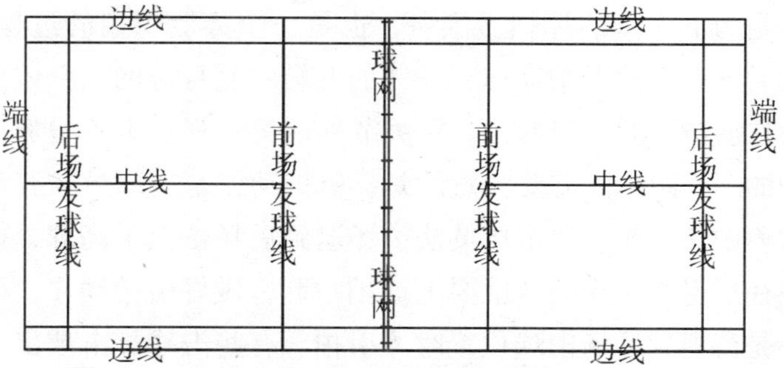

图 3－4 羽毛球场区分布图

4. 羽毛球的动作技术结构

羽毛球的动作技术很多，动作方法变化多端，但在动作技术结构上却有相同的规律，从功能上可分解为准备、引拍、挥拍、击球、还原五个部分。

（1）准备。

击球员的基本准备姿势是持拍手放在胸前，肘关节弯曲，球拍头向上，便于接任何位置的来球。双打时，站在靠网前的球员应把拍举得更高些，以便在高处快速封网、拦截。任何情况下，握拍手垂在下面都是不可取的。击球时要有很强烈的迎球意识，尽量快打、高点打才能取得主动进攻的优势。

（2）引拍。

击球员击球的第一步动作是引拍，它为挥拍击球做好了前期准备，其动作方向往往与挥拍击球方向相反或不一致。引拍与挥拍两个动作之间可以停顿，如同射箭，把箭搭在弓上是准备，把弓弦往后拉开是引弓，弓开满后再停顿瞄准，然后松手放箭。所以，羽毛球击球动作的引拍动作是为下一步的挥拍做准备，也是一个势能积累的过程。如后场上手的引拍动作，身体的右转、侧身对网、身体重心在后脚、肘关节弯曲、肩关节外展等，都是为了增加挥拍的工作距离。需要注意的是，引拍动作是击球员在移动过程中完成的，如击球员从中场退到后场击上手高球，他在往后退第一步时，就要把球拍举起，做好引拍动作，而不是待退到后场击球位置时才引拍。有些击球员击球出手慢，错过最佳击球时机，问题往往是出在这里。

（3）挥拍。

挥拍是击球员击球的发力过程，参与挥拍击球的不仅仅是手臂和手腕，确切地说，从引拍动作后，当身体重心向前移动以增加向前挥拍的力量起，即是挥拍动作的开始。当然，羽毛球的击球不是每一次都要动员全身力量来进行的。所以，挥拍的开始时间是当身体某一部分的动作最终将作用在球拍击球上的时间，即这一击球的挥拍开始。因此，挥拍击球可以从脚部、腰部、肘部等开始，但必须是一个连贯、协调的动作过程，这样才能把力量传递到最后的击球瞬间（挥拍后假动作的停顿不在此例）。

（4）击球。

击球者挥拍最终表现在击中球的一瞬间。击球者根据战术要求，通过控制挥拍速度、击中球时拍面角度，使击出的球以不同的飞行弧线落到对方的某个区域。

（5）还原。

在球拍击中球后，一个击球过程已告结束，击球者必须做到身体的协调放松，还原、恢复到准备状态，迎击下一个来球，这里包括手法还原和步法还原两种。

5. 羽毛球击球质量的五大要素

高质量的击球要符合“快、狠、准、活、变”的原则，主要由以下几方面因素决定：

（1）击球的力量。

击球的力量决定球的速度，击球力量越大，球的速度越快。只有击球的力量大，才能使对方因没有充分准备的时间而处于被动地位。下面简单介绍一下发力的要点：

首先，要学会放松。即打球之前，身体一定要放松，使其处于一个蓄势待发的状态。在这个放松过程中，最主要的是手腕的放松，手腕放松了，手指自然也会放松，拍子就不会握得很紧，这样在挥拍过程中，动作才能不僵硬，才能做到位。除了手腕的放松，身体也要放松，胳膊不要像根棍子一样举得很直，那样挥拍动作就难以到位。腰部、腿部都要放松，绷紧了就难以发出力气来。

其次，要加速挥拍。挥拍的动作必须是一个突然的动作，挥拍的过程必须是个加速挥动的过程。要有爆发力，不能慢慢地挥出去，挥出去越快，对球的击打力量就越大。注意看比赛的话你会发现，高手打球都很从容，动作是有节奏感的，击球的那一瞬间必然是突然加速，而不是一直以一个节奏动作。

最后，要注意闪腕。这是羽毛球动作的精髓，也是发力最关键的一环。所谓“闪腕”，就是要像甩鞭子一样，甩出去之后，顺势沿着挥拍的方向继续挥下去。

（2）回球的速度。

尽管我们要求判断快、移动快、击球快等，但具体着眼点是回球要快。不仅要提高回球的“绝对速度”，还要提高回球的“相对速度”，这样才能给对手强有力的攻击，使其防不胜防，处于被动。所以，可以说速度素质是球速的决定因素。

下面简单谈谈羽毛球专项反应速度的练习方法。大家知道，速度素质是羽毛球运动的核心素质之一。在羽毛球竞赛中，如果失去速度，就意味着失去场上的主动控制权。我们将羽毛球场上的速度素质细分为反应速度、动作速度和移动速度。这种细分是基于运动时的不同动作需求，例如：反应速度突出反映在大脑和神经传导上，动作速度多基于上肢挥臂速度，移动素质则尤其指下肢步法的移动速度。

羽毛球专项速度素质训练方法各种各样，下面先介绍专项反应速度练习的方法：主要训练眼力和判断力。在接收到信号时，能够协调全身将信号准确无误地传达并作出反应。可采用眼睛看、耳朵听，同时身体配合动作的方法，练习手势、口令移动步法以提高反应速度。

（3）球的弧线。

弧线曲度的大小、打出距离的长短，都与球的速度有关。我们想加快速度，加强准确性和变化性，都必须解决击球弧线的问题，过低的弧线容易被中途拦击，过高的弧线容易给对手充分的恢复时间。要记得，不论打出什么样的弧线，都是以给对方回球制造难度为主要目的的。

（4）球的落点。

落点不仅要具有准确性，而且要具有攻击性，落点这一因素直接影响球的“狠、准、活”三方面。落点刁在另一个意义上讲可谓“狠”，落点到位可谓“准”，落点变化无穷可谓“活”。因此，我们必须加强落点控制能力的训练，掌握控制落点的方法，在每次击球中都要在控制落点上去努力。

（5）击球动作的一致性。

有些技术动作在方法上有很多相似的地方。我们在击球中，尤其是击球的前期，步法、引拍、挥拍前期的动作是一样的，但在击球瞬间作出选择的动作、拍面和力度就叫作击球动作的一致性。动作的一致性不仅增加了对方准确判断的难度，而且可以给对方造成错觉，形成错误的判断，增加回球的难度。这样，对方在你的球拍击球前就很难判断你击出的是什么性质的球，只有当球出拍后才能作出判断。因此，无论是前场技术、中场技术，还是后场技术，都要努力追求相类似动作的一致性。

6. 拍形角度与拍面方向

拍形角度是指击球瞬间球拍面与地面所成的角度。拍面方向是指击球瞬间球拍的拍面所朝向的位置。

拍形角度可分为七种：拍面向下、拍面稍前倾、拍面

前倾、拍面垂直、拍面后仰、拍面稍后仰、拍面向上。

拍面方向可分为三种：拍面朝左、拍面朝右、拍面朝前。

拍形角度和拍面方向控制的好坏对击球质量的影响是非常大的。比如，你选择吊球和杀球，拍面就要稍前倾；选择打高远球，拍面就要稍后仰。所以，我们必须在每一次击球中首先确定击球的性质，然后调整好拍形、拍面，才能击出合乎质量要求的球。

参考文献

[1] 李鹤洲，惠艳. “组合技术”程序教学法在大学羽毛球选项课中的设计与应用研究. 吉林体育学院学报，2005（4）.

第四章　羽毛球技术及应用

怎样学习才能进步快？

首先，兴趣是最好的老师。在正确方法的指导下进行有针对性的、反复多次的练习，形成稳定的“动力定型”和良好的肌肉感觉，最后养成良好的运动习惯，才能从事长期的羽毛球健身活动。

如果有专业的教练指导最好，如果没有也不要随便叫上朋友去打。和比你技术差的人打球，除了能熟悉球性和收获自信外，或许没什么其他的好处（以联络感情、沟通情谊、展示自我为目的的除外）。“下棋找高手，弄斧到班门”，说的就是这个道理。但如果一定要同比你技术差的人打球，你完全可以用自己弱的技术或者不熟练的技术同他对打，这对自己也是一种提高。

对业余羽毛球爱好者而言，要想在短时间内提高球艺，可采用一些较实用的方法。下面就向大家推荐一些，希望您能从羽毛球运动中得到最大的乐趣。

• 力争在身体前上方击球，千万不要让球落至颈部以下的高度，否则回击的球就没有攻击力。

• 握拍时，手尽可能保持放松，以便最大限度地发挥手腕的力量。

• 单打时，每次击球后应立即回到中心位置。双打防守时，应回到与同伴平行的位置；双打进攻时，应与同伴保持前后的位置；双打发球时，发一短球后应立即向前封网，以防对手打短球回击。

• 单打时，除非杀球，不然千万不要把球打在对方的中场，尽可能打两角。

• 进行有力的正手或反手击球时，身体应向击球一侧转动，以便站稳双脚。

• 单打发球要尽量高而远，双打发球要短，球的飞行线路要贴近球网的上缘，发球要多变。

• 在规则允许的范围内，尽可能多用假动作迷惑对方，但事先不要流露自己的意图。

• 打高远球时，要准确地判断球的飞行方向，球要尽可能打得高而且接近对方底线。

• 吊网前球时，球的路线要短，并尽可能靠近球网。

• 杀球的落点应尽可能远离对手或直接命中对方的握拍手或肩。

• 当你一时不知所措或需要短暂的喘息时，可打一高远球，然后回到本场中心位置。

• 对于初学者来说，反手端线通常是其薄弱区域，应注意打其弱点。

• 前场回击高球时，应尽量采用扑球。扑球是重要的得分手段，但不要在底线处击出高而短的球，这通常是给对手杀球的机会。

• 许多运动员有自己特有的打法，因此要善于判断球的落点，及时进入适宜的位置，但千万不要过早暴露自己的动向。

• 双打接发球时，要举起球拍迫使对方发低球，如果对方的发球过高，应立即上前扑杀。

• 如果你正在一直得分，不要改变打法；如果处于被动，则应立即调整或改变节奏和打法；如果你的连续进攻没有奏效，可打一高远球，然后寻找战机重新发起进攻。

“万丈高楼平地起”，我们为了娱乐身心而参与羽毛球运动，要想在运动过程中养成好的击球习惯，逐步提高技术与战术的运用水平，进而使羽毛球成为我们日常生活中的一部分，就要从基本的羽毛球技能开始学习。

一、基本步法

羽毛球步法是一项很重要的基本技术，它和手法有机结合、密不可分，被誉为“羽毛球运动的灵魂”。除发球外，所有技术几乎都要在移动中完成，因此，对步法的要求是要反应及时、判断准确、脚步灵活、移动迅速。羽毛球比赛中，脚下能否移动到位决定了能否高质量地完成手上的技术动作。没有脚下步法做坚实的基础，手上的击球质量就难以保证。所以，学习和掌握熟练、快速而准确的步法是打好羽毛球、提高运动水平的重要环节。

羽毛球步法是由启动、移动、制动和回动四个环节构成的。启动是指由相对静止的站位状态向来球方向移动的发力过程，它取决于击球者的判断和反应。移动一般是指由中心位置到击球位置的位移过程。制动则指到位后克制移动的惯性，保持身体重心的平稳，以便协助完成击球动作。回动是指在完成击球后要尽快回到中心位置，做好迎击下一来球的准备。

羽毛球步法中常运用的有并步、垫步、交叉步、单足跳步、跨步、蹬步、腾跳步。根据击球的需要，步法可大致分为三类：一是上网步法，二是退后场步法，三是中场步法。[1]

1. **上网步法**

上网步法是指从场地中央位置向网前移动的步法。上网步法可分为正手上网步法、反手上网步法和蹬跳上网扑球步法三种。上网步法另外还有几种，但移动后总是有其基本规律的。无论是跨步，还是蹬步，最后一定要形成右脚在前的姿势。因为这样便于持拍手在前尽最大限度地击球，扩大击球范围。当击球时，脚跟、脚掌外侧先着地，然后全脚着地并立即缓冲、制动。

2. **退后场步法**

退后场步法是指从中心位置后退回击高球、吊球、杀球、后场抽球的步法。它包括正手后退步法、头顶后退步法、反手后退步法、正手后退并步加跳步、头顶侧身加跳步等。

退后场步法是羽毛球步法中最常用的、难度较大的步法动作。由人的解剖、生理结构所决定，向前总比向后移动容易些。特别是反手底线后退，对身体灵活性和协调性的要求更高。后场来球有正手位、反手位之分，击球也有正反手之别，所以退后场步法也有两种，即正手退后场击球和反手退后场击球。无论采用何种步法，退后场的最后一步一般是右脚在后，击球后顺势右脚跟进。鉴于退后场步法的难度较大，下面详细加以说明。

（1）正手后退步法，可采用并步后退步法、交叉步后退步法和并步加跳步后退步法。

①并步后退步法：右脚向右后侧身退一步，并带动髋部右后转，接着左脚用并步靠近右脚，右脚再向后转至到

位，左脚跟进一小步，形成左脚在前右脚在后、侧身对网的击球准备动作。

②交叉步后退步法：右脚向右后侧身退一步，并带动髋部右后转，接着左脚从右脚后交叉后退一步，形成左脚在前右脚在后、侧身对网的击球准备动作。

③并步加跳步后退步法：前两步与并步后退步法的第一、二步相同，第三步侧身双脚起跳各侧后到位击球，后双脚落地。

（2）头顶后退步法，可采用并步后退步法、交叉步后退步法和头顶侧身步加跳步后退步法。

①头顶并步后退步法：髋关节及上体快速向右后方转动的同时，右脚向后退一步，接着左脚用并步暂靠近右脚，右脚再向后移至到位，左脚跟进一小步，形成左脚在前右脚在后、侧身对网的击球准备动作。

②头顶交叉步后退步法：髋关节及上体快速向右后方转动的同时，右脚向后退一步，接着左脚从右脚后交叉后退一步，右脚再向后移至到位，左脚跟进一小步，形成左脚在前右脚在后、侧身对网的击球准备动作。

③头顶侧身步加跳步后退步法：这是一种快速突击抢攻打法的后退步法。髋关节及上体在快速向右后方转动的同时，右脚向后退一步。紧接着右脚向后方蹬地跳起，上身后仰，角度较大，并在凌空中完成击球动作。此时，左脚在空中做一个交叉动作后先落地，上体收腹使右脚着地时重心落在右脚上，便于左脚迅速回动。

此种步法应注意以下几个重要环节：首先，上体和髋部侧转要快，右脚变成后退至左脚的后方横侧位，这是第一个环节。其次，蹬跳方向应向左后方跳起，使上体向后仰。左脚在空中做的交叉后撤动作要大，左脚的落地点超过身体重心之后；上体要有力地收腹，重心迅速恢复至右脚，左脚能迅速回动。

（3）反手后退步法：可采用二步反手后退法和三步反手后退法。

①二步反手后退步法：左脚先向左后方退一步，接着上体左转，右脚向左后方跨出一步，以背对网的形式到位击球；或者右脚先向后退一步，左脚向左后方跨出一步。以侧身的形式到位击球。

②三步反手后退步法：右脚先向左脚并一步（或交叉退一步），后左脚向左后方退一步；此时，上体左转，右脚再向左后方跨出一大步，以背对网的形式到位击球。

3. **中场左右横动击球步法**

中场左右横动击球步法是指多用于接对方的杀球和打来的半场低平球的两侧移动步法。其移动前的准备姿势及站位基本同上网步法。

（1）向右移动步法：判断准来球后，上体稍倾倒向左侧，用左脚掌内侧用力蹬地，右脚同时向右侧跨大步，髋关节随之右转，上体稍倾倒向右侧，重心在右脚上。若距来球较近，可采用上述动作；若距来球较远，则需左脚先向右脚垫一小步再起蹬，右脚同时向右侧跨大步。

（2）向左移动步法：判断准来球后，上体稍倾倒向右侧，用右脚掌内侧用力蹬地，左脚随髋关节转动的同时向左侧跨大步。若来球较远，左脚先向左侧移一小步，紧接着右脚往左侧方向起蹬并转身，向左跨大步。无论采用何种步法，都要注意身体的制动、缓冲和回动。

4. **步法练习的要求**

启动、移动、制动、回动快；调整及攻防转换好；前、后、左、右场连贯，快速移动合理。

有些练习者总抱怨自己的脚步移动太慢，其实更主要的不是他移动得慢，而是启动的速度慢。那么，要想启动快，除了提高判断能力之外，还应注意启动前的动作姿势，必须注意在任何时候双膝都要保持微屈，身体重心移至前脚掌，躯干要稍微前倾不要挺直，并且后脚的脚跟稍提起。

综上所述，从圆心点开始，在羽毛球场地中移动的方向大概有 8 个，如图 4－1 所示，大致就是一个“米”字形，包括了上网前步法、退后场步法、左右横动步法等。那么，我们就可以结合各种单个的步法进行“米”字形的全场综合步法练习，练习顺序（方向）：左—中—右—中—左前—中—右前—中—右后—中—左后—中—正前—中—正后—中。

这些方向跑完一次为一组，当然熟练一段时间后就可以自由练习（不限定方向移动练习），同时要注意动作的连贯性和协调性，练习一段时间后一定会感觉步法进步很多。

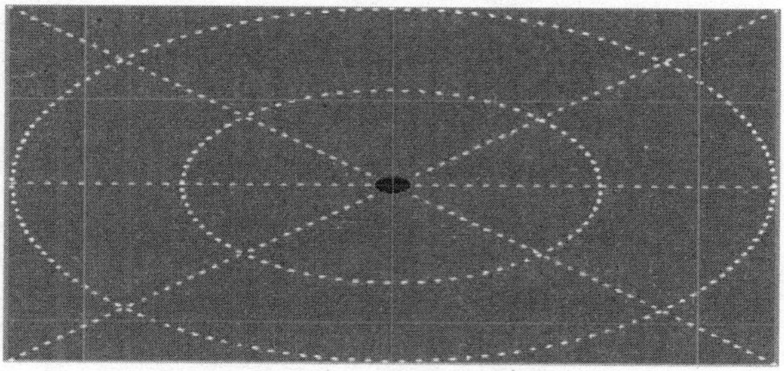

图 4－1　米字形步法

5. 步法练习的顺序和注意事项

(1) 单个步法练习。

初练步法时，首先徒手按照各种步法的动作要领，一步一步分解后进行练习，这一阶段主要是体会脚步的顺序及击球前的最后姿势。

(2) 综合步法练习。

在熟练地掌握各单个步法点的基础上，再将几个单个步法组合起来进行全场性的综合步法练习。初学者进行综合步法练习，一般要经过以下几个步骤：

①固定移动路线的步法练习。

这一阶段主要是在固定的移动路线上，熟悉各个单个步法的跑动路线。如从中心位置开始，先后退至正手底线，然后回到中心位置，再上右网前，接着再回到中心位置，如此循环等。

②不固定移动路线的步法练习。

在熟练地掌握了各个固定方向的移动步法之后，就可以进行不固定方向的全场移动练习了，可随心所欲地在全场范围内进行步法练习。练习者也可在场外指挥者的指示下进行综合步法练习：指挥者指向网前区，练习者以上网步法行进至网前；指挥者指向后场，练习者以后退步法退至后场。在进行不固定移动路线步法练习时应注意：不论是自练，还是按场外指导指示练习，都要避免惯性机械地移动步子，而应多做一些无规律、有节奏的重复跑动，这样才能与实战结合起来。

③回击多球的步法练习。

陪练者将多个球先后发往练习者的前后左右场区，迫使练习者运用各种移动步法去迎击来球，此练习方法既可练步法，又可结合手法练习。根据练习者的体能状况，练习密度越大，实际效果越好。

在步法练习的初级阶段，应结合挥拍，但不宜结合击球。下面介绍的脚步移动中具有规律性的一些问题，对更好地去运用步法有很大的帮助。

（3）站位。

不论是单打还是双打，在步子移动前应选择一个有利的站位，这既有利于向各个方向移动去迎击来球，又可使对方不易找到攻击的空当。在一般情况下，采用上网步法或后退步法，其移动前的站位应有所变化。例如，己方网前技术较好，但后退步法较慢，其站位要适当偏后；以平高球控制了对方后场之后，对方被动地回一网前球，这时己方站位应偏前，准备迎击网前球；当在网前搓出既旋转又贴网的近网球时，站位可靠前些，因对方已不可能回出有较大威胁的球，即使对方打后场球，也只能被动挑高球（因己方搓球的质量很高），这时，己方有充裕的时间从网前回到后场。总之，步子移动前，站位的选择不是固定不变的，合理、适当的站位常能使自己把握场上的主动权。

（4）站法。

站法与双方的打法特点、来球的落点有密切的关系。一般的站法有两种：一是前后站，即右脚稍前或左脚稍前；二是平行站。防守或接两侧来球，多采用平行站法；上网或后退时，多采用前后站法。这两种站法各有利弊，但可以根据不同情况不断地变换站法。

（5）启动。

启动是各种步子移动的前提，只有启动快，才能迅速到位。这不但能取得较高的击球点，争取时间的主动，还能更好地完成各种击球技术。

要做到启动快，应该注意以下要点：准备时，两脚不能站实（即以全脚掌着地），这样不利于蹬地启动，而应稍提脚跟，并使两脚保持微动。在启动前应提高预判能力，即根据对方击球的习惯动作，提前判断来球的方向，以便及早做好启动的准备。这一点对于初学者来讲往往是不容易的，但只要在平时的练习和比赛中细心观察、分析对手的击球特点与习惯动作，就会为预判提供依据，这其实也是一种心理训练。在学习打羽毛球的初级阶段，如能将这种心理训练很好地和技术、战术训练结合起来，就能很快地提高水平。

（6）回动。

所谓回动，就是在接球后立即回到适当的位置（原则上是中心位置），准备接下一个来球。如不善于立即回动，则极易暴露自己的空当而遭到对方的攻击。若在后场吊对方网前球后，匆忙地朝前场跑或在前场放了网前球后盲目往后退，都是回动不当的表现。要解决这些问题，必须做到：第一，增强回动意识，每击完一球后，不停留在原地，也不盲目前后跑动，而是积极调整步子，原则上回到中心位置；第二，在上网时要保持身体平衡，充分利用右脚的回蹬、回动；第三，后退时，最后一步重心要在右腿上，击完球后，身体重心应随右脚前移，上体前压，协助回动；第四，不论是上网、后退，还是两侧移动，如出现脚步混乱，则应立即用小碎步尽快调整为正常节奏。

二、发球

发、搓、勾、推、挑、抽、扑、封、杀、吊、挡、高远等，这些是基本的羽毛球手法。在练习手法的过程中常常涉及手腕屈伸等动作，先在这里给大家简单介绍一下（见图4－2）。

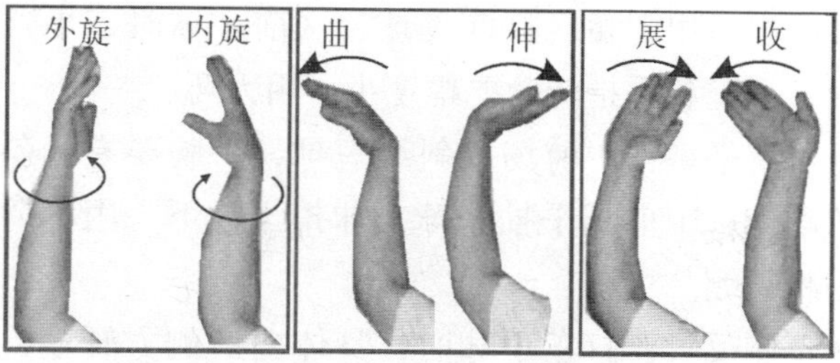

图4－2　手腕动作示意图

为了方便记忆，首先把手臂自然垂在身体两侧，手心向前，指尖向前动就是前曲，向后就是后伸；向身体外侧就是外展，向身体内侧就是内收；大拇指旋向身体内侧就是内旋，相反就是外旋。总之，就是“前曲，后伸，外展，内收”。

在练习手法并有针对性地采用某种动作的过程中，要注意以下方面：

• 活握死抠：非击球状态下，球拍不能握死，拍柄要能灵活转动以便作出不同的击球动作；击球瞬间，手指抠紧球拍，尤其是食指和拇指，保证击球动作干脆、线路明确。

• 长挥短抖：击球时，尤其是击长球和杀球时，肩膀和胳膊要完全放开，这样击球有力量保证并且动作大，可以迷惑对方；在最后击球的瞬间，线路的变化以及落点控制全靠手腕的抖动。

• 高压低抬：打后场球时，手腕要有前压的感觉，不然球速慢、落点近容易受攻击；防守时，手臂上抬要充分，速度要快，避免被动挨打。

• 远打近搓：打后场球时，要先跑到位，胳膊带动手腕，幅度大、用力猛；打前场球、网前小球时，小臂伸出要稳固，手腕和手指转动要幅度小、用力巧。

• 对拐平举：中前场放斜线短球，手腕要有倾斜、微上挑的动作；中前场平抽快球，球拍不放下，用小臂发力并使手腕紧绷。

• 正侧反背：打正手球时，身体向后侧方转动，作为弥补，手腕控制拍面也要有相应角度的内侧转动；打反手球时，身体完全展开，背对敌手，手臂挥动距离长，利用蹬地与转肩的力量，并且手腕发力要及时到位。

• 强追缓挡：进攻有利时，要不断加快进攻节奏，手臂、手腕动作要连贯且急促；对方连续进攻时，要主动通过轻挡放网前球，改变对方连续进攻的节奏，手臂、手腕发力要舒缓。

• 柔舞脆击：羽毛球的所有动作都应该是很协调连贯的，甚至是轻柔的，但击球瞬间必须是干脆利落的，从腰部、肩部到手腕、手指，击球发力应该有一个瞬间的停顿，接着身体随挥拍完成协调连贯的还原动作。

1. **发球种类和方法**

发球是运动员在发球区将球由静止状态用球拍击出，使之在空中飞行，落到对方的接发球区的技术动作。发球技术可分为正手球和反手球技术。一般来说，发网前球、平高球、平快球和后场高球均可采用正、反手发球法。发球并不是随意地击一次球，而是根据现场局势的不同，有目的地发出不同效果的球。发球作为组织进攻的开始，其质量的好坏，直接关系到比赛的主动或被动，以及赢球得分或丢分。所以说，发球错误，不可原谅；短球过高，一切糟糕。

（1）正手发球。

站在靠近中线一侧，离前发球线约一米左右的位置上，身体左肩侧对球网，左脚在前，脚尖大致对着球落点的目标区域，右脚在后，接近和端线平行，两脚距离与肩同宽，身体重心放在右脚上。准备发球时，右手握拍向右后侧举起，肘部微屈，左手拇指、食指和中指夹住球，举在腹部右前方，然后放开球，挥拍击球。击球时，身体重心由右脚移至左脚上。用正手发不同的弧线球时，击球前的准备和前期动作是相仿一致的，只是击球时的拍面角度和力度大小有所不同。

①正手发高远球。

所谓高远球，是把球发得又高又远，使球向对方后场上方飞去，球的飞行线路与地面所形成的角度要大于60°，使球在对方场区底线附近垂直下落。发球时，在左手放开球使之下落时，右手转拍由上臂带动前臂，自右后方沿身体向前左上方挥动。当球落到右臂向前下方伸直能够接触到球的刹那，紧握球拍，并利用手腕屈收的力量向前上方发力击球，然后顺势向左上方挥动缓冲（如图4－3）。

图4－3　正手发高远球

②正手发高平球。

姿势、动作和发正手高远球一样，只是发力方向和击球点不同。发高平球时，球运行的抛物线不大，使球迅速越过对方场区空中而落到底线附近，球在空中的线路和地面形成的仰角大概是45°。

③正手发平快球。

要充分利用前臂带动屈腕的爆发力向前方用力击球，使球直接从对方肩稍上的高度越过落到后场。发平快球的关键是出手（击球）动作要小而快。

④正手发网前球。

发网前球，就是把球发到对方发球区内的前发球线附近。球拍触球时，拍面从右向左斜切击球，使球刚好越网而过，落在对方的前发球线附近。发网前球时，握拍要放松，上臂动作要小，主要靠前臂带动手腕向前切送。球的弧线要贴网而过，落点在前发球区附近，注意手腕不能有明显的上挑动作（如图4－4）。

图4－4　正手发网前球

（2）反手发球。

发球站位可在前发球线后10～50厘米及中线附近，也可在前发球线后及边线附近。面向球网，两脚平行或右脚稍前，上体稍前倾，身体重心在前脚上。右手臂屈肘，用反手握拍将球拍横举在腰间，拍面在身体左侧腰部以下，左手拇指与食指捏住球的两三根羽毛，球托朝下，球体或球托在球拍前对准拍面。

①反手发网前球。

反手发网前球就是运用反手发球技术把球发至对方发球区内前发球线附近，击球时球拍由后向前推送击球，使球运行的弧线最高点略高于网顶。球拍触球时，拍面呈切削式击球，使球落到对方场区的前发球线附近（如图4－5）。

图4－5　反手发网前球

②反手发平球。

反手发平球与正手发平球的球路、角度、落点基本一样。发球时，球拍的挥动方向也与反手发网前球一样，只是在击球的一刹那，手腕借助拇指的力量甩动击球，拍面与地面的角度接近垂直，球的飞行线路稍高于对手头顶或正对对手身体（平高球的特点就是突然性，改变对手的站位和判断），将球击到双打后发球线以内的区域。

③反手发高远球。

反手发高远球与正手发高远球的落点、角度与拍形基本一样。发球时，球拍的挥动方向也与反手发网前球一样。只是在击球的一刹那，手腕借助拇指的力量甩动击球，拍面与地面的角度接近垂直，球的飞行路线较高，落点在后场。

2. 发球技术动作的常见错误

（1）正手发后场高远球时，击球点在右肩正下方（应为前下方），以肘为轴（应以肩为轴），前臂提拉屈腕发力击球。

（2）掌握不好球与拍之间的时空关系，造成击球不准。

（3）击球过程中，身体重心没有随身体的转动而从右脚逐步移至左脚上，或是身体在击球过程中根本就没有转动，或是击球后球拍挥至右上方，动作不协调，影响击球发力。

（4）发球过程中，双脚出现任何形式的脚步移动（规则规定发球过程中不能有任何一只脚完全离开地面）。

3. 练习步骤

（1）首先学习正手发后场高远球。依照先分解后连贯、从简单到复杂的顺序，按照技术动作的要领做挥拍练习，直至熟练。

（2）用绳拴住球，选择适当的高度将球固定吊好，反复做发球挥拍击球动作练习，体会球与拍之间的距离感觉及前臂内旋带动手腕由伸腕到收转抬的发力过程。

（3）持拍面对墙壁做发球练习。在做该项练习时，既要照顾击球的准确性，同时也要兼顾击球动作的正确性。

（4）在场地上练习发球，重点注意发球的落点。

（5）按照以上的练习步骤，进一步做其他各种发球的练习，注意各种发球动作的一致性和落点的多样性。

三、接发球

初学者在掌握了握拍和发球技术之后，就可以逐步进行各种击球技术的学习，首先从学习接发球开始。

1. 接发球的站位与姿势

单打站位一般是在发球线后 1.5 米处，站在右发球区靠近中线的位置，在左发球区则站在中间的位置，这样站位的作用主要是防备对方直接进攻反手部位。一般左脚在前，右脚在后，双脚微屈，收腹含胸，身体重心放在前脚上，后脚脚跟稍抬起，身体半侧向球网，球拍举在身前，双眼注视对方（如图 4－6）。

图 4－6　接发球准备姿势

双打站位中，由于双打发球区比单打发球区短 0.76 米，发高远球易被对方扣杀，所以双打发球多以发网前球为主。接发球时，要站在靠近前发球线的地方。双打接发球准备姿势和单打姿势基本相同，只是身体前倾较大，球拍举得稍高些。在球飞行到网上最高点时击球（不能提前移动），争取主动，但是要注意对方在右场区发平快球突袭反手部位，也应注意对方偷袭发后场球。

2. 接发各种来球

对方发高远球或平高球时，可用平高球、吊球或杀球还击。一般来说，接发高远球是一次进攻的机会，还击得好，就掌握了主动权。一些初学者常因后场技术没掌握好，还击球的质量较差，以致遭到对方的攻击（如图 4－7），虚线为对方发来的高远球，"1" 为还击高球；"2" 为还击吊球；"3" 为还击杀球。

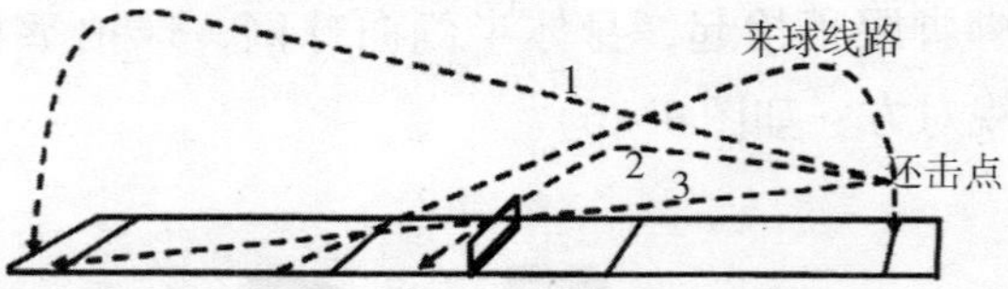

图 4－7　还击高远球

对方发来网前球时，可用平高球、高远球、放网前球、平推球还击；如对方发球质量不好，也可用扑球还击。要洞察对方发网前球的意图，如果是要发球抢攻，而自己的防守能力又不强，那么，就放网前球或平推球还击，落点要远离对方的站位，控制住球，不给对方进攻的机会。当对方连续发球抢攻时，接发球一定要冷静、沉着，若疏忽麻痹，回球质量稍差，就可能让对方抢攻得手（如图4－8）。对方发来平快球时，可用平推球、平高球还击，以快制快。

由于接球方还击的击球点比发球方高，下压得狠些可以夺取主动权，其次亦可以高远球还击，以逸待劳。

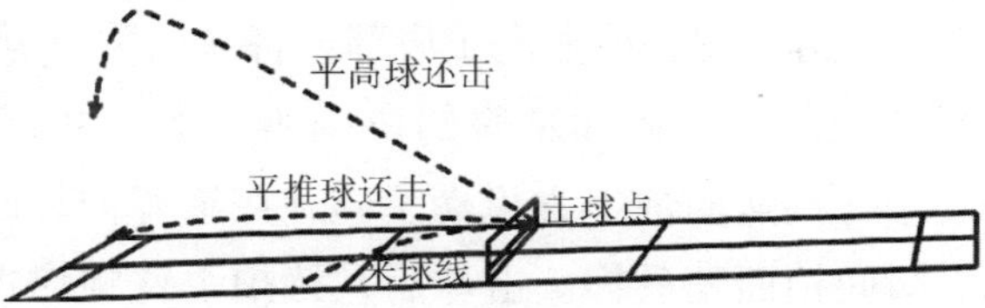

图 4－8　还击网前球

四、高远球、吊球、杀球与接杀球

羽毛球的各种击球技术，按其特点进行分类，概括起来主要包括后场高空击球技术、前场网上击球技术、下手击球技术和中场击球技术四方面。下面对其分别加以介绍。

1. **高远球**

定义：以较高的弧线将来球击到对方场区底线附近叫击高远球。击高远球是一切上手击球动作的基础。

运用时机：高远球的特点是球的弧线高、滞空时间长。它的作用是逼迫对方远离中心位置退到底线去接球，一方面可减弱对方进攻的威力，为我方进攻寻找机会；另一方面在己方被动的情况下，有较多的时间来调整站位，摆脱被动局面。

（1）正手击高远球。

正手击高远球是羽毛球上手击球技术中的基础。

击球前的准备动作要领：首先判断来球的方向和落点，侧身后退使球在自己右肩稍前上方的位置，左肩对网，左脚在前，右脚在后，重心在右脚上；然后左臂屈肘，左手自然高举，右手持拍，大小臂自然弯曲，将球拍举在右肩上方，两眼注视来球。击球时，由准备动作开始，大臂后引，肘关节随之上提，明显高于肩部，将球拍后引至头后，然后在后脚蹬地、转体和腰腹的协调用力下，以肩为轴，大臂带动小臂快速向前上方甩动手腕，在手臂伸直的最高点击球，瞬间拍面稍后仰。击球后，持拍手臂顺惯性往前下方挥动并收拍至体前。与此同时，左脚后撤，右脚向前迈出，身体重心由后脚移到前脚。正手击高远球可以用不起跳或起跳进行击球。后者是为了争取高点击球，以赢得时间上的主动，但对步法技术和体力要求较高。因此，初学者一般先学不起跳正手击高远球。待熟练掌握后，再根据自己的特点和场上的情况综合运用这两种击球方式（如图4－9）。

图4－9　正手起跳击高远球

易犯的错误：击球点选择不当，偏前或偏后，影响击球用力；击球时，不是以肩为轴挥臂，而是以肘为轴，影响大臂发力，造成用力不当；击球时，不是用挥臂甩腕动作靠“爆发力”把球击出，而是将球“推”出；击球后，球拍不是顺惯性朝前下方挥动并收拍至体前，而是将球拍朝下；击球拍面瞬间不是稍后仰，而是前倾；击球时全身用力不协调等。

（2）反手击高远球。

当对方用较高的弧线将球击到自己的反手后场区时，有两种击球方法可以选择：一种是用反手击球方法，另一种是转体侧身用正手击球方法还击。这两种方法各有利弊，关键是要根据场上的具体情况，审时度势地合理选择。前者移动距离较短，但不易结合其他技术方法，对对方进攻的威胁较差；后者相对移动的距离较长，但有利于结合其他技术，对对方具有较强的进攻性。所以，在训练中应强调的是，能用正手或头顶击球的，就尽量避免用反手方法还击。这并不是说反手击球方式不好，如在比较被动或对方来球较快的情况下，自己缺乏足够的时间转体后退使用正手或头顶击球时，用反手击球比起勉强使用头顶击球的方法，仍不失为一种比较明智的选择。

由于反拍击球引拍时，身体转体的幅度比正手击球要小得多，所以反拍击球力量比正手要小，击球时更需借助蹬地、前臂、手腕和拇指的力量。

准备：转体后退到合适的位置，背向球网，使球的高度不超过人体，采用反手握拍法握拍。

引拍：握拍手提起，使肘关节自然弯曲稍低于肩，肩关节尽量内收、含胸，弯腰收腹。

挥拍：开始挥拍时，身体后伸挺胸，带动肩关节外展上提转动，使肘关节上举，前臂和球拍下垂，然后前臂迅即旋外向上挥动伸直，在挥动过程中手腕后伸；在快要击中球的瞬间，手腕闪动，击中球时手指紧紧握住球拍，使挥拍力量全部传递到球上。

回动：回位时，右脚蹬地，左脚支撑，身体迅速右转，右脚向中心位置回位第一小步，左脚交叉向中心位置迈出第二步，从而完成回位动作（如图 4－10）。

图 4－10　反手击高远球

易犯的错误：初学者用反手击高远球时，往往容易出现步子不到位、击球点掌握不好；击球时未用拇指的侧压力；击球瞬间用力过早或过迟，瞬间拍面前倾等错误。要通过反复的练习和体会才能逐渐掌握正确的击球动作。

注意事项：后场反手击高远球，男运动员一般采用后场反手两步后退步法，右脚蹬地向身体左后场区来球方向转体启动，同时左脚向左后侧来球落点方向迈出第一小步，接着右脚交叉向来球落点方向再跨出第二步（第二步较第一步大），重心在两腿之间，呈背对球网姿势，右脚触地的同时完成击球动作；回位时，右脚蹬地，左脚支撑，身体迅速右转，右脚向中心位置回位第一小步，左脚交叉向中心位置迈出第二步，从而完成回位动作。羽毛球后场反手击球步法的最后一步较第一步大，并且是跨出而非迈出，这样一是用最少的步法保证移动到位；二是可以在跨最后一步时，使重心在两腿之间，保证击球的质量。平时练习时要有意识地加强步法练习，可采用边移动边挥拍做反手击高远球动作的结合练习，这样有利于上下肢的协调配合；同时，专业运动员的最后一步一般跨度很大，业余运动员需根据个人身体素质选择跨步的大小，避免运动损伤。

2. 吊球

定义：吊球是自后场打到对方前场向下坠落的球。吊球技术可分为正手、反手和头顶三种手法，按球的飞行弧线和击球动作的不同分为劈吊、拦截吊和轻吊三种。劈吊击球前动作和打高球、杀球相似，击球时用力较轻，带有劈切动作，落点一般离网较远；拦截吊是把对方击来的平高球拦截回去，击球时用拍面正对来球，轻轻拦切或点击，使球以较平的弧线、较慢的速度越网垂直下坠；轻吊击球前动作和打高球相似，击球时拍面正对来球，在触球的刹那，突然减速或轻切来球，使球刚一过网即下坠。

运用时机：吊球一般用于对方起高球，但是质量较高、采用杀球又威胁不够的时候。吊球比点杀更贴网，目的是拉开对手，加大球手跑动距离，让对手在跑动中出现失误或漏洞，是控制网前的常用手段，网前出色的选手采用较多，也常用于打击网前技术粗糙的对手。吊球过渡性质较明显，不是常规进攻手段，但是运用好了，能控制比赛的节奏。如果对手前场步法差，用吊球能给己方创造更多进攻机会甚至直接得分。对手防守差的，尤其是回动慢（即从后场击球点回到球场中心点慢）的对手，使用吊球往往能一招制敌，图 4－11 分别为正、反手吊球分解动作。

图 4－11 正反手吊球

（1）正手吊球。

击球准备和前期动作与正手高远球基本相同，只是击球时拍面稍向内倾斜，手腕做快速切削下压动作，击球托的后部和侧后部。若吊斜线球，则球拍切削球托右侧，并向左下方发力；若吊直线球，则拍面正对前方，向下方切削。

（2）反手吊球。

击球准备和前期动作与反手高远球基本相同，不同点在于击球时拍面的掌握和力量的运用。吊直线球时，用球拍反面切削球托的后中部，向对方的右半场网前发力；吊斜线球时，用球拍反面切削球托的左侧，朝对方左半场网前发力。

易犯的错误：

- 击球点过后，造成球过网太高，应把击球点调整到右前上方（比高远球稍前）；同时拍面瞬间应前倾。

• 击球时，切削球托的角度过薄或过后，降低了球的飞行速度，导致球的飞行角度难以控制，这时应调整右前臂高度，带动手腕外旋，将切球的角度调整到合适的位置。

练习方式：

• 自己在场地内，利用球拍颠或手抛球的方式，将球击到空中，然后利用拍面的控制，将球吊过球网。

• 将同伴发过来的高球，运用吊球的方式击回对方网前（充分利用脚步的移动，难度可逐步加大）。

3. **杀球**

定义：把对方击来的高球全力向下扣压下去。

运用时机：对方回高球质量不好（将球回到中后场或更前的位置）；对方站位过前或过于靠后场；出于改变击球节奏的考虑。

杀球的特点是力量大、速度快，它是主动进攻的重要技术。杀球分正手杀球、反手杀球和头顶杀球三种。下面分别进行介绍：

（1）正手杀球。

其击球前的准备姿势和击球动作与正手击高远球基本一样，不同的是正手杀球最后用力的方向朝下，而且要充分利用蹬地、转体、收腹以及手臂和手腕的爆发力全力将球向下击出，击球的一刹那要紧握球拍，尽量将球置于身体前方。

（2）反手杀球。

准备姿势和击球动作与反手击高远球一样，但反手杀球最后用力的方向朝下，而且要加快手臂和手腕朝下的闪动。击球点应尽可能高些、前些，并充分运用拇指的作用，这样便于力量的发挥。

反手杀球虽然力量不大，但有其突发性。一般在实战中趁对方不备，偶尔用反手杀球（因反手杀球威胁不大，对方思想会放松），也会收到出奇制胜的效果。

（3）头顶杀球。

准备姿势和击球动作与头顶击高远球一样，不同的是头顶杀球击球时要充分利用腰腹的力量，以大小臂带动手腕快速下扣。头顶杀球是一种重要的进攻性技术，也是我国运动员在左后场区进攻的主要手段，它弥补了反手击球力量不足的弱点。初学者如能掌握好头顶扣杀技术，便会使对方难以应付。

易犯的错误：击球点过后或过低，影响手臂发力；击球前动作过分紧张、僵硬，有劲发不出来；挥臂时以肘为轴，影响大臂发力；击球时手腕下“甩”不够，没有注意发挥食指的作用，往往造成杀球出界；击球瞬间拍面后仰，应瞬间调整拍面为前倾。

平时，我们可以观察到很多羽毛球爱好者想提高需要力量的技术动作，如反手后场球和扣球时，大都是在用尽全力击打无效后，才会考虑是否是动作或力量不够造成的。此时，对力量的提高经常采取：打中求练、练中求打的策略，多打、再多打、多多打，力争在咬牙切齿中提高，此时，伤病的隐患就会出现。对于这些需要力量来保障质量的羽毛球技术，应采取先专门练习上肢、腰部、腕部等全身各部位的专项力量，再落实和实践各技术要领的策略，做到“先造渠后引水”。

注意事项：不管用哪种动作杀球，均可做重杀、轻杀、长杀、深杀、直线扣杀、斜线扣杀。重杀时要全力扣压；

轻杀时用力介于重杀和劈吊之间；长杀是将球杀向对方场区底线附近。总之，杀球时只要通过手腕和手指控制拍面、倾斜角度、用力方向和大小，就可扣杀出不同的球来。这些不同形式的杀球，主要是为了战术的需要，根据对方站位的情况灵活加以运用。初学打羽毛球的人在平时练习和比赛中可能对打高球不感兴趣，见到高球就想扣杀，其结果往往适得其反，既消耗体力，又由于杀球后没办法回动到合适位置，达不到好的效果，还经常使自己处于被动状态。因此，初学者在学杀球技术之后，不能在比赛中盲目滥用，而是要通过打高球和吊球来为扣杀创造机会，杀球后应立即调整身体姿势回到场地中心位置，这样才能使杀球显出更大的威力（见图 4－12）。

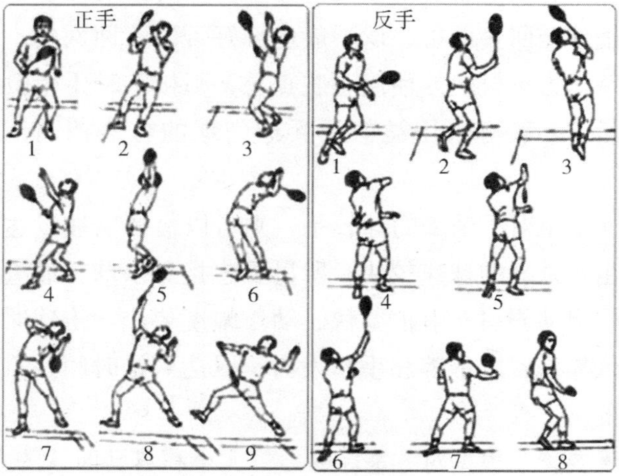

图 4－12　正、反手杀球

4. 接杀球

定义：对手杀球后，利用拍面的控制将球回击到对方场区的动作叫接杀球。

接杀球的方式：常见的有接杀球挡网（最常见）、勾对角（最能欺骗对手）、接杀反抽（由守反攻）和接杀挑后场（双大最常用），且这些方式用正反手都可以实现。

注意事项（以右手握拍为例）：

• 在判断好对方要杀球之前，要先做好接杀的准备，即下身微屈，降低身体重心，眼睛密切注意对方来球。

• 对方杀球后左脚迅速蹬地，视对方杀过来的球离身体的远近，用快速的并步加侧身跨步（正手）或者蹬转步（反手）将身体重心移过去接杀。

• 最重要的是手腕、手指的力量，以挡网为例，主要根据对方杀球的力量来发力。如果对方杀球很重、力量很大，接杀时则不需要用很大的力量，只需要借对手杀球的力量把球挡回去即可，球一般也恰好可以落回网前；如果对手杀球力量较轻或使用手腕点杀，则接杀时要稍微用一些力量，一般可采用类似乒乓球削球的方法挡网，效果较好。

• 如果对手杀来的球较平，则可以借机反抽以达到反攻。由于杀球的球速较快，所以要想接好杀球，最重要的是反应启动要快、引拍要快、动作幅度要小。击球时，应主要依靠前臂、手腕和手指发力，以达到抢时间、争速度的目的。

• 要善于根据对方杀球的力量大小和自己回球的方法、落点，控制好自己的拍面和还击的力量。譬如，在用放网和勾对角球接杀时，要松握球拍，用力要小，应主要借用对方杀球的力量，当对方来球力量较大时，球拍触球时还应做适当的后撤以进行必要的缓冲；当需用挑、抽等方法将球还击到对方后场时，击球瞬间则应紧握球拍，同时利用前臂、手腕和手指进行闪动发力。另外，还需根据击球点的不同高度，对击球拍面进行调整，击球点越低，拍面后仰的幅度要越大。

• 接杀球时，为了能自如地运用手腕和手指的力量，来变换击球的拍面和用力的大小，应尽可能抢在自己的身体前方击球；在接对方杀来的追身球时，也应尽可能用反手方式还击。

练习方式：

• 同伴在网前稍加力向练习者场内抛球，球速逐渐加快，练习者根据要求做挡网、勾对角、挑后场等方式的练习。

• 防守方先发高球，对方后场开始杀球；防守方挡放网，前场者回挡放网；防守方上网挑高球。反复循环如此，三人五分钟一换交替练习。

五、挑高球、搓球、勾球、推球、扑球与平抽球

这部分内容基本为羽毛球网前技术，虽然移动范围不大，但对步法要求不能有丝毫懈怠，更应注意启动、制动、回动等环节。

1. 挑高球

定义：是指把落在前场区的球，以下手击球的方式，由下斜向上把球打高回击至对方后场底线附近。

运用时机：这是一种比较被动、具有防守性的技术。挑高球的要领是要挑得高且远，让自己有足够的时间准备下一球，从而减少对方的攻击力。这种击球方法是在对方

放网时，自己没有抢到高点而被动击球；另外在对方做完网前的动作，没有及时回动也可用此技术，所以球越高越接近底线越好。

（1）正手挑高球。

准备动作同正手放网动作，正手握拍举在胸前，击球前前臂充分外旋，手腕尽量后伸，右脚向网前跨出一大步，左脚在后，侧身向网，重心在右脚上，同时右臂向后摆，自然伸腕，使球拍后引。以肘关节为轴，屈臂内旋，并握紧球拍，用食指及手腕的力量，从右下向右前方至左上方挥动，挑出的是直线高球；若球拍向左前方挥动，挑出的则是对角高球（见图4－13）。

图4－13　正手挑高球

（2）反手挑高球。

准备姿势同反手放网动作，反手握拍举在胸前，击球前右臂往后拉抬肘引拍。右脚向左前方跨出一大步，重心放在右脚上，同时右肩向网，屈肘引拍至左肩旁。以肘关节为轴，握拍经体前由下往上，拇指第一指节压住拍柄的宽面，用力将球击出。击球时前臂充分内旋，手腕由屈至后伸闪动挥拍击球。若球拍自左下向左前上方挥动，则球呈直线方向飞行；若球拍由左下向右前上方挥动，则球呈对角线方向飞行（见图4－14）。

图 4－14 反手挑高球

易犯的错误：击球点低、引拍幅度过大、握拍过紧等原因都会导致挑球挑得不够高、不够后。所以，要根据球离网的远近掌握好拍面角度。如果球离网很近，挑球难度较大，拍面要多后仰一些；如果球离网较远，拍面后仰的程度可小一些。另外，应尽量在高点期击球，如果对方回球质量差，就有扑球的机会，要体会手腕、手指的瞬间爆发用力；如果本身力量小，则应该加强爆发力的训练。

练习方式：

• 按照动作要领，做挑高球的徒手练习。

• 利用手抛球进行挑高球练习。

• 两人一组，沿边线反复挑高远球，目标为后场边角。

• 两人一组，一人杀球或吊球，另一人练习挑高球到后场，两人交替进行。

2. 搓球

定义：搓球是用球拍搓击球的左或右侧下部与球托底部，使球向右侧或左侧旋转与翻滚过网的羽毛球网前动作。

搓球技术是网前的基本技术之一。比赛中，高质量的搓球不仅能起到控制前场、迫使对方只能挑后场高球，从而为自己创造进攻得分机会的作用，还时常可以成为有效的得分手段。广大羽毛球爱好者要想纵横球场，搓球技术是必须掌握的有力武器。

运用时机：对方在后场没向前回动或回动不到位；对方放网质量很高、已经不能做其他动作时，作为过渡而采用此技术。

（1）正手搓球。

侧身对右边网前，正手握拍，球拍随前臂伸向右前上方斜举。当球拍举至最高点时，前臂向外旋转，手腕由后伸至右前并稍内收闪动；握拍手的食指和拇指夹住拍，中指、无名指和小指轻握拍柄，使球拍在手腕和手指的挥摆用力下，搓击来球的右下底部，使球旋转翻滚过网（见图4－15）。

（2）反手搓球。

击球前，前臂稍往上举，手腕前屈，手背约与网同高，而拍面低于网顶，反拍面迎球。搓球时，主要靠前臂的前伸外旋和手腕由内收至外展的合力，搓击球的右侧后底部，使球侧旋滚动过网（见图4－16）。

无论正手搓球，还是反手搓球，都是以球拍平动为主，击球点接近肩部。

图4－15　正手搓球

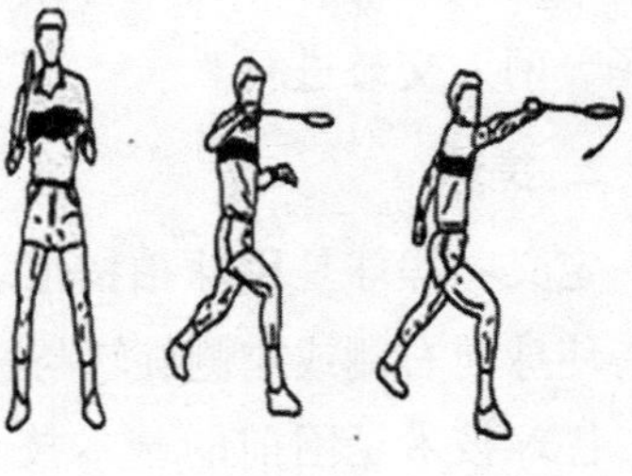

图4－16　反手搓球

易犯的错误：

• 搓球时，很多初学者靠手臂发力击球，造成控球不准确。纠正方法：一些专家认为可以用手臂控球，但本人认为手指的感觉比手臂的感觉更好，控球能力更强，初学者应该体会利用手腕、手指发力击球的动作。

• 搓球时，拍面触球角度过正，造成球旋转不够，降低了对方的回球难度。纠正方法：搓球时，注意正手要切削球的右侧部位，反手要切削球的左侧部位。

• 握拍太紧，造成控球不准确，影响球的旋转度。纠正方法：本人经常和朋友说，如果你手中抓一只小鸟，握太紧，鸟就可能死掉；太松，鸟就飞了。握拍也是同一个道理，过紧，动作偏硬，控制球就比较差；过松，拍面控制不住，甚至握不住球拍。所以，搓球握拍要放松，力量适中，拍柄与掌心间要留有空隙。

练习方式：

• 自抛搓球练习：左手将球垂直抛起，用正手或反手搓球技术做搓球练习。

• 多球练习：同伴连续向练习者扔，练习者可做定点多球搓球练习。

• 对搓练习：双方在网前进行连续搓球的对击练习，此时可结合扑球练习。

3. **勾球**

定义：勾球是把在本方右（左）边的网前球击到对方左（右）边网前去的技术动作。勾球分正手和反手两种，网前勾对角技术在比赛中实用性很强，可以打破对手进攻的节奏、改变对手移动的方向和增加对手移动的难度。[2]

（1）正手勾球。

用并步加蹬跨步上右网前，球拍随前臂往右前斜上举，在前臂前伸时稍有外旋，手腕微后伸，握拍手将拍柄稍向外捻动，使拇指贴在拍柄的宽面上，食指的第二指关节贴在拍柄背面的宽面上，拍柄不触掌心。球拍随之向右侧前挥动，拍面朝着对方右网前，击球时，靠前臂稍有内旋往左拉收，手腕由稍后伸至内收闪腕，挥拍拨击球托的右侧下部，使球向对方网前掠网坠落；击球后，球拍回收至右肩前（见图 4－17）。

（2）反手勾球。

站在左网前，反手握拍前平举，在身体前移的过程中，球拍随手臂下沉至离网顶 20 厘米左右处，握拍变成反拍勾球握拍法，拍面正对来球。当来球过网时，肘部下沉，同时前臂稍外旋，手腕稍屈至后伸闪腕，拇指内侧和中指把拍柄往右侧一拉，其他手指突然握紧拍柄，拨击球托的左侧后部，使球沿对角线飞越过网；击球后，球拍往右侧前回收（见图 4－18）。

图 4－17　正手勾球

图 4－18 反手勾球

易犯的错误：

• 手臂前伸引拍动作僵直，导致动作僵硬，无法控制勾球的角度和力量。

• 做引拍动作时，前臂和手腕没有外旋和内旋动作，易被对方识破动作意图，达不到网前动作一致性和动作突变性的目的。

• 手臂抬击动作过大，造成球过网太高，容易被对方扑球。

练习方式：

• 击吊线球。用线将球吊起，并固定在练习者身体的前方位置（吊线球的高度大约与练习者的肩同高），按照勾球的技术动作要领去控制拍面和角度，体会勾球时手腕、手指的动作。

• 原地勾球。采用多球练习的方式，甲持拍站在右前场网前位置，乙站在左前场，连续把球一个一个地扔过网，让甲连续练习正、反手网前勾对角线球。

• 一点移动上网勾球。甲从球场中心位置开始向右、左侧网前移动上网，在网前用正、反手勾对角线球的手法将乙抛过网的球轻轻勾到乙的右、左侧前场区域内，然后立即向球场中心位置回动，准备下一次的击球。

• 二点移动上网勾球。甲从球场中心位置开始向右侧网前移动上网，将乙抛过网的球用正手勾对角线球的手法将球轻轻勾到乙的右侧网前区域内，然后立即向球场中心位置回动；再从球场中心位置开始向左侧网前移动上网，将乙抛过网的球用反手勾对角线球的手法将球轻轻勾到乙的左侧网前区域内。如此反复移动上网练习，若干球为一组。

• 一搓一勾。甲、乙双方隔着球网，在前场区域范围内任意将球用直线或斜线球路击出，并在自己的前场移动中进行搓球和勾对角线球的练习。

4. **推球**

定义：将网前高点的球以飞行弧度较平的线路，从网前击至对方两条边线与端线附近的两角，称为网前推后场球。

特点：推球技术击球点高、动作小、发力距离短、速度快，与搓、勾出手动作的一致性强，且落点变化多，是前场击球技术中进攻底线的一种很有威力的方法，在单、双打中都较常用。

运用时机：网前推后场球有正手、反手两种方法，每种击球法都可推击出直线、斜线等不同线路的球。在实战运用中，推球的出球弧度有较平快和略有一定弧度两种，运用何种弧度的推球，要视对手的站位情况来定。如果对方是在网前站位还击球，我方此时可推出弧度较平快的后场球，争取立即夺得主动权；如果对方所站位置是在中场或是在后场，此时我方就应推击出弧度稍高一些的球，让对方无法拦击，在控制与反控制中有效地调动对方。

（1）正手推球。

站在右网前，球拍向右侧前上举，在肘关节微屈回收时，前臂稍外旋，手腕稍向后侧，球拍也随之往右下后摆，拍面正对来球。这时，小指和无名指稍松开，使拍柄稍离开鱼际肌，拇指和食指向外捻动拍柄，拍面更为后仰。推球时，身体稍往前移，右前臂往前伸并带内旋，手腕和手指控制拍面角度，手腕由后伸直并闪腕，食指向前压，小指和无名指突然握紧拍柄，拍子由右经前上至左急速地挥动推球，使球沿边线飞向对方后场底角。在回动过程中，拍子回收。

（2）反手推对角线球。

站在左网前，以反手握拍前臂往前上方伸举，在前臂稍向左胸前收引、肘关节微屈、手腕外展时，变成反手推球的握拍法，球拍松握，反拍面迎球。当前臂前伸并带外旋，手腕由外展到伸直并闪腕，中指、无名指和小指突然握紧拍柄，拇指顶压，往右前方挥拍时，推击球托的侧后部，使球沿对角线方向飞行。击球后，手臂回收，恢复击球前的准备姿势。

无论正手推球还是反手推球，拍面的后仰角度都应视来球的过网高度来确定（见图4－19）。

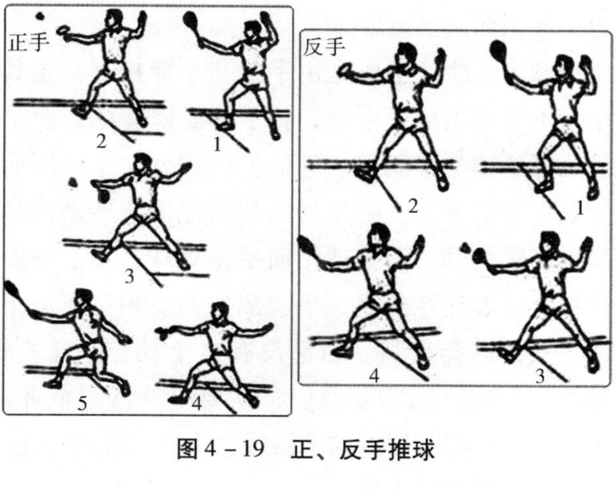

图4－19　正、反手推球

易犯的错误：

● 握拍太紧，完全用手腕发力，导致动作过大。握拍时应放松，利用前臂的内旋和外旋带动手腕与手指发力击球。

• 推球时，击球点太低，造成推球的弧线过高或下网。

• 动作幅度过大，影响出拍速度。

注意事项：

①不是所有的网球、小球都可以用推球，而是要在击球瞬间作出正确判断。

• 很高的网前球，一般用封杀或者扑球，用推球效果反而不好。

• 如果对方回的小球质量很高、滚动又贴网，推球容易失误，不宜采用。

• 最适合推球的情况是对方网前球不是很滚动，但是用扑球其高度还不够，此时最好采用推球。

• 如果对方放网效果较好，而你一定要用推球技术的话，要考虑拍面适当地后仰。

②推球时，注意主要是用手腕和小臂控制，尤其是手腕，千万不要用拍面去削球，拍子不是竖着的，而是与网前搓球一样的姿势倾斜的。它们的区别就在于，网前搓球的拍面是在球的下方，要用拇指和其他手指转动拍柄，使拍面搓出旋转的球。而推球拍面是正对球，靠手腕爆发力推压出去。需要注意的是，手腕和拇指要稍微压一下，这样才快、平，不会很高。如果没有这个动作，球速很慢，而且较高。同时，出手要及时，不要等球落很低才出手，否则要么下网，要么被迫推出的球会很高。推球一定要平、快，落点在底线两个边角上。

练习方式：

• 一人扔球，一人推球练习。

• 一人扔球，一人推球和勾球交替练习。

• 一人扔球，一人推球和挑球练习。

5. **扑球**

定义：对方击来的网前球刚过网，高度仍在网沿上面时，即迅速上网挥击下压过去，称为扑球。

由于扑球速度快，飞行的线路又短，往往使对方来不及挽救，所以是威胁性最大的进攻技术。扑球与挑球相反，它最具攻击力，是依靠突然而有力的一击来夺分的手段，不过它也隐藏着突然由主动变为被动的危险。因此，把握合适的扑球时机具有一定的难度，要迅速判断是否可以进行扑球，任何犹豫都有可能造成扑球在高度、距离、速度、落点等方面的失误。扑球分正手扑球和反手扑球两种，其路线有直线、对角线和扑追身球三种（见图 4－20）。

（1）正手扑球。

右脚蹬步上网，身体右侧前倾，手举球拍于右肩上方。击球时，利用手腕由后伸到前屈收腕的力量，带动球拍向下扑击球。如果球离网顶较近，靠手腕从右前向左前“滑动”击球。

（2）反手扑球。

右脚跨至左前再蹬跳上网，身体右侧前倾，反手握拍举于左前上方。击球时，前臂伸直外旋，带动手腕内收至外展，拇指顶压加速挥拍扑球。若来球靠近网顶，手腕可外展由左向右拉切击球，以免触网。击球后，右脚着地屈膝缓冲，回收球拍于体前。

注意事项：

• 击球点要高，速度要快，精力要集中，并要做好突然变为劣势的心理准备。

• 要争取一击成功，克服急躁情绪；不要挥拍过急，避免出现失误。

• 注意不要动作过大，只注意手上的动作，却忽视了扑球后的腿上缓冲动作，否则容易造成触网犯规。

• 结束挥拍时要有手腕的制动，球拍的制动高度一般应在1.55米以上（以防触网）。

练习方式：

• 扑球的多球练习：同伴连续向练习者扔出羽毛球，练习者做定点和移动的扑球练习。

• 结合搓球练习：同伴与练习者在网前先做对搓球练习；同伴再有意识地把搓球的高度稍微提高，为练习者提供扑球的机会。

• 结合发高远球、吊球练习：练习者发高远球，同伴退后场吊球；然后练习者来到网前判断时机，进行搓球和扑球练习。

图4－20　正、反手扑球

6. 平抽球

定义：中场平击球技术主要是为了对付对方击来的弧

线平于或稍低于网，且落点在中场附近的低平球时所采取的回击技术，也叫平抽挡。

双方比赛多采用这种技术。它的击球点在与肩同高处或肩腰之间，因为来球速度较快、弧线较平，所以击出的球球速也较快、较平，因而中场平击球也是一种对攻的技术。它有正、反手中场平抽球，半蹲式中场平击球两种。

（1）正、反手中场平抽球。

正、反手中场平抽球主要是为了对付对方来球离身体较远的平球，站位于中心附近，两脚左右开立，面对球网，两膝微屈，右手持拍于体前。击球时，判断准来球，并向右（左）侧横跨一步，同时挥拍依靠前臂和手腕的闪动发力击球。正手平抽球时，多用食指的力量向前发力；反手平抽球时，多用拇指的反压力朝前发力。此外，不论是正手还是反手中场平抽球，其击球点都应争取在身体侧前方，这更便于手臂的发力（见图4－21）。

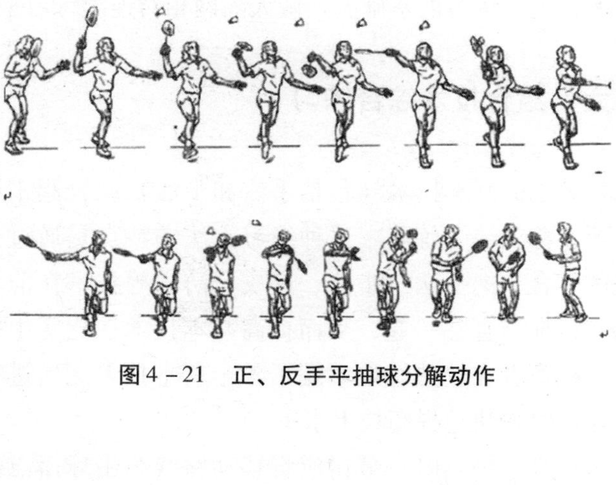

图4－21　正、反手平抽球分解动作

(2) 半蹲式中场平击球。

半蹲式中场平击球主要运用在双打比赛中，是进行对攻的一种击球技术。这种技术是将对方击来的位于肩部或面部附近的球，在半蹲姿势下还击回去。击球时，看准来球，迅速取半蹲姿势，同时举拍在正面或头顶等位置以前臂带动手腕快速闪动挥拍击球。

易犯的错误：

• 引拍幅度过大，导致错过最佳击球时机。

• 来球较低时，重心过高导致不便发力，需根据来球高度适当调整重心。

• 判断来球方向不准确，导致正反手换握不及时而失去机会，此时需高度集中注意力，并且平时多做快速的换握练习。

练习方式：

• 一人发平快球，球应发向对手头部附近，另一人采用平抽的方式击球。

• 在上一练习的基础上，两人隔网相对连续练习平抽。

六、组合技术综合练习

把单一的基本技术（包括手法和步法）结合起来进行的练习，称为综合练习。这种练习方法的特点是通过一定套路的配合，把手法与步法、进攻与防守等技术在前场和后场有机地结合在一起，从而提高基本技术在比赛中的实效性。初学者在较熟练地掌握了各个基本技术之后进行综合练习，可较快地提高技术水平。

进行综合练习时，最初应将移动路线和击球落点固定下来，以便掌握综合技术，然后再过渡到不固定移动路线和击球落点的练习。

1. **吊上网练习**

将对方发（击）来的后场高球吊到对方网前，然后从后场移动至网前，以各种网前击球技术还击对方击回的网前球，称为吊上网。

（1）直线吊上网搓球练习。

甲在右半场（左半场）底线将球直线吊至对方网前，乙将来球击回到甲的前场区。甲移动上网，把对方击回来的网前球搓回对方网前，然后乙再将球挑到甲的后场底线，甲再退至后场吊球后上网搓球。如此循环练习。

（2）斜线吊上网搓或勾球练习。

甲在正手（或左后场）底线将球斜线吊至对方的右（左）前场区，乙将对方的吊球击回到甲方的左（右）前场区；甲上网搓球或勾球，乙再将球挑回甲方的右（左）底线；甲再退至后场吊斜线球后上网搓或勾球。如此循环练习。

在较熟练地掌握了两种固定落点和路线的练习后，即可进行不固定落点和路线的吊上网练习。

2. **杀上网练习**

甲将对方发（击）来的后场高球扣杀至乙方场区内，并随后场移动至前场，以各种网前击球技术还击对方放回的网前球，称为杀上网。

杀上网的练习方法可参照吊上网练习，所不同的是将吊球改为杀球。杀上网球初期练习时也应先行固定路线和落点，待熟练掌握技术之后即可进行不固定落点和路线的练习。

3. 吊、杀上网练习

这是一种将吊球和杀球结合使用，然后上网做各种网前击球动作的练习。

（1）半场吊、杀上网练习。

甲在右半场（左半场）将对方击（发）来的后场高球用吊或杀球还击到乙方前场区，乙将球回放到甲方的网前，甲上网扑搓、推或勾球；乙再把球回至甲方的后场底线附近，甲再接着吊球或杀球上网。如此循环练习。

（2）全场吊、杀上网练习。

甲在底线附近任意一点将乙击（发）来的高球吊或杀球到乙方前场区，乙将球还击到甲方的网前区，甲上网扑搓、推或勾球；乙再将球回至甲方后场，甲再吊或杀球。如此循环练习。

4. 攻守综合练习

（1）半场打半场攻守练习。

利用场地的半边，甲以高远球、平高球、杀球或吊球来进攻乙，乙则主要以高远球、挡球和放网前球来防守。这样，乙为甲提供了进攻的机会，而乙也能在甲的进攻下，进行各种防守练习。

（2）全场打全场攻守练习。

要求和方法同上，只是练习在全场打全场时还可用二打一的形式进行，即以两个人为一方，以防守为主；一个人为一方，以进攻为主。亦可调换攻防技术进行训练。

（3）三人练习。

主要练习者以一人对对方两人，这时综合运用各项技术，既要考虑对方网前扑球或放网，又要注意对方的后场杀球，练习的要求高、强度大，效果明显。

总之，基本技术的练习方法很多，以上方法主要起举一反三的作用。初学者在练习时，应根据具体情况，循序渐进，合理地安排练习。另外，有条件者可经常观摩技术水平较高的运动员的训练和比赛，这对提高自身水平具有潜移默化的积极作用。

七、比赛中假动作的运用与分析

纵观所有的球类运动，只要是包含着需要在运动中去处理球的竞技项目，就有假动作的存在和运用。篮球和足球是许多人喜爱的运动，球员们在比赛中运用漂亮的声东击西的假动作去迷惑对方防守球员，从而运球过人或传球；有时利用身体动作来虚晃一枪，骗过防守球员，从而投篮或射门得分，十分精彩。但如果有人问何种竞技项目最具有假动作运用的空间和丰富的种类，那真是非羽毛球莫属了。

由羽毛球的特点所决定，其球拍轻巧灵活，正、反拍面都可以击球，同时还有时间差、空间差、距离差、力度差、速度差、判断及反应差的存在，再加上有一张网在整个球场的中间作为楚河汉界，所以任何的击球动作中都可能存在假动作及其运用，甚至包括在发球中（一般发球要求最严，最容易被判 BALK 和违规），都有在规则允许范围内的假动作。正是这样，假动作使得羽毛球的比赛更加引人入胜和趣妙无比。

1. 发球中的假动作

羽毛球有正、反手的发球，而在正手发球方面，由于引拍动作可大可小，所以较容易使用假动作去迷惑对手。

（1）正手发球假动作之一。

站位在发球区靠中一些，两脚前后站位，上身朝向边线。球拍放到离身体最远的地方，以便最大距离地引拍。这样一来，对手心里判断你要发高球，所以注意力在后场，重心就靠后了。而你在实施发球时，开始是快速挥拍，在球拍将要击球的刹那间收力，拍面轻轻地切击球托，发出一个正手网前球，并且落点在对方接球区前场的内角或外角，从而使对手无法接发球，抢攻和回球质量差，你从开始就抢占了主动权。

（2）正手发球假动作之二。

正手似要发网前球，球拍的位置距离击球点的位置较近，没有多少引拍距离。你的站位和姿势让对手以为你要发网前球，先入为主的判断使对手将注意力放到前场。而你在发球时，利用手腕的快速闪动来带动球拍，发出正手平快球、平高球或高远球。由于对手在开始就受你的站位和姿势的假象影响，动作一下子没跟上而处于被动，也就难保有高质量的回球了。

（3）反手发球假动作之一。

站位在T字区近处（注意不要踏线违规），持球手将羽毛球举到规则允许的最高位置，将球拍的反拍面正向对着羽毛球，似要发一个近角的网前球。在真正实施发球时，开始的手势也像是要以反拍面正向击球，而在球拍将要触球的一刹那，手腕变向，以斜拍面去削击球托，发给对方一个远角的网前球。这样，对方上网扑发球的成功概率就要打折扣了。

（4）反手发球假动作之二。

还是站位在T字区近处（注意不要踏线违规），持球手将羽毛球举到规则允许的最高位置，将球拍的反拍面正向对着羽毛球，似要发一个近角的网前球，引拍动作较慢、幅度较小。而在球拍要击到球的一瞬间，大拇指发力弹击球拍，发出一个反手的平快球或平高球，让对手只能仓促应付，其结果是使其无法接发球抢攻而失去先机。

2. **接发球中的假动作**

接发球是每个回合的开始，其重要性是不言而喻的。如果接发球处理得好，无论单打还是双打，都能取得先机，占据主动地位，有利于赢得优势而得分。由于接发球的假动作有许多，不可能一一列举，这里就只能介绍一些典型的。但接发球中的假动作的要领都是：判断要好，启动要快，引拍动作要隐蔽和快捷，有虚晃一枪之态势，真正出球要让对手捉摸不清。

（1）接发球中的假动作之一。

虚扑实放网前球，动作要领是判断要准。在对方发来的网前小球一出手（离开球拍后）后，马上举拍上网似要扑杀，移步要快和凶猛，用身体语言给对手一个你要扑杀的假象，对手就本能举拍准备防守反击，其重心就会后移，双脚就会扎稳。这时，你在球拍接触球前一刹那收势收力，将球轻挡回对方的网前或者利用手腕的细小动作改变拍面，将球切击到对方网前的两个边角处，回放对方一个网前球，让对手只能处于防守姿势，由下向上地起球，这时你就抢到主动权了。

（2）接发球中的假动作之二。

虚放实挑后场的动作要领是利用击球的时间差来迷惑对手。当对手发来网前小球时，马上持拍迎上去，像是要用正手或者反手去轻挑球，但不是第一时间就回击球，而是球拍随即按照球飞行的轨迹向后退，好像是被球推着向后退一样。当球拍回退到一定的位置（高度）时，突然小手臂和手腕发力，将球快速回击挑到对方的后场。如果整套动作逼真，对手就会被迷惑，认为你会挑网前，哪知你实际是挑后场的高远球，一上当受骗就被动了。

（3）接发球中的假动作之三。

由身体做掩护，虚晃球拍声东击西，这种假动作要求身体和手的动作协调性很好才行，不然不仅没能迷惑对手，反而容易错过最佳击球时机。其动作要领也是判断要准，当对方发网前小球一出手时，整个球拍和身体就迎上去，并且是身体在前而球拍在胸腹部的位置，反手持拍。由于有身体做掩护，跑势快而球拍在网下又近身，对手较难看清你的手型和拍子的转动，还以为你是要随着跑动将球拨（带）到他的反手位网前角，因此极易上当受骗。当你出球时已经是身在前而球在后了，对方将注意力放到你跑位的方向，谁知你将手腕隐蔽性地一抖，将球拨到了对方的另一半场的中间。双打中，对方的前面队员被骗而封不着球，且球的落点在中间，对方的后场队员也够不到，只能望球落地。这种假动作，丹麦和印尼的男双选手做得很漂亮。

3. 处理网前球的假动作

在网前这个区域，存在许多的技术动作，如网前的搓、拨、放、勾、推等，也就孕育了形形色色的网前小球假动作，这些假动作都相对易学易掌握。

（1）虚推实拨的假动作。

当对手放你一个网前球后，自己要快速移步到位，趁球还没有下落过网顶之时，举起球拍正向对准来球，似要平推对方的后场或似直线挡放对方一个网前球，以便把对方的注意力引到一方。而在拍子接触球的一刹那，突然转动手腕变拍型，将球拨到对方的另一区网前角处，从而让对方措手不及。

（2）虚搓实勾的假动作。

当对手放你一个网前球后，自己要快速移步到位，伸展手臂，拍面与地面平行，似要搓一个网前球。当拍面到了球的下方，突然改搓为勾，回击对手一个对角网前球，从而使对手判断失误。

（3）虚发力挑后场而实际放网前的假动作。

对付对方在其后场的头顶劈吊网前球时，自己还是要准确判断球的飞行线路和落点，快速反应并移动到可能的落点处，正手（或者反手）大动作挥拍，像是要下手发力挑回对方的后场球。这样一来，对方在其后场或正在击球后回位到中场，以为你要压后场，就不会上网。谁知你在拍子接触球的一刹那突然手腕制动收力，轻击球托放了对手一个直线网前球，让对手再次启动来不及，从而主动变为被动。如果在自己的球拍接触球时能使用手腕控制拍面，该假动作还可以回放对手的对角网前球。总之，该假动作可以举一反三，回放对手不同的网前球。

（4）虚挡实搓的假动作。

当对方与你斗网前小球，勾了一个对角网前球时，自己要快速反应和到位，趁球在网顶平行飞行的时候，拍面向着来球和网面，似要正向挡击回放。当球继续飞行刚低于网顶时，突然变换拍面与地面平行，回搓对方一个滚网小球，而且让球更靠近边线，使对手在回球时更困难。

（5）虚反手实正手勾网前球的假动作。

这个假动作是最为匪夷所思的羽毛球假动作之一。如果大家看过丹麦好手盖德的实战表演，就会发出相同的感叹。

4. **中场上手击球的假动作**

当对方把球击回到中场，又是高球，这应该是最差的回球了。一般人都会抓住机会，双脚起跳，一举击杀，来个干净利落。但也有许多假动作，不花大力气，一样可以达到同样的效果。不仅如此，这样还可以避免对方早有准备，回到中场站好位置，准备接杀，并将你的杀球挡回你的后场的情况发生。

中场上手击球的假动作的基本要领是一定要保持动作的一致性，不到出球的一刹那都要让对手摸不清你真正的球路和力度，这时的假动作完全依靠手腕和小手臂的动作来控制。

（1）虚杀实吊的假动作。

一般情况下，对手都会本能地在自己给他人回了不到位的半场球之后就进入全力以赴的防守状态。你的起跳会更让对手双脚跟扎住，重心降低。这时候你像是要大力扣杀，而实际上却高点劈吊对方的网前角，从而让对手难以应付。

（2）虚杀实抹的假动作。

当对手在其后场回了一个半场球之后，你抓住机会起跳挥拍，似要杀球，突然间手腕在击球点的最高处一抹，放了对手一个网前球，让对手跑上来也救不了。在这方面上，中国的国手鲍春来表现很是出色，而印度尼西亚的前奥运会女单冠军王莲香则是“NO. 1”。

（3）虚杀实平抽的假动作。

很多时候，防守的队员对杀球有所准备，而且接杀能力很好。在世界级的比赛中，很少有一板就打死的，特别是在双打比赛中，有时采用虚杀实平抽的假动作可以收到意想不到的良好效果。当对手回了一个半场球之后，你马上举拍做杀球动作。这时对方的球拍是放在身体下方，以便接杀，但你并没有在高点处击杀，而是目视球从上往下掉。当球下落到与你的肩部同高或者高过网顶少许的位置时，突然一个大力平抽，向着对手的身体，从而让对手防不胜防。

（4）虚杀实平高球再压对方反手位后场的假动作。

一般情况下，对手回了一个使自己处于被动的中场球后，第一时间想要做的事情就是赶回中场准备接杀，而且注意力高度集中。这时候你如果杀球，成功的概率约是60%对40%。如果你采用虚杀实平高球再压对方反手位后场的假动作，让对手再次退回反手位后场，回球会更不到位，而且人也回不到最佳防守点，这时候你完全可以一举将球杀到对方的中腰或其后场的另一端角，也可以放网前球，从而让对方的接杀鞭长莫及。

5. 后场击球的假动作

通常情况下，当被对手的高远球和平高球压到底线时，你已经处在被动的局面了。对手多半都是回位到中场，准备击杀你回不到位的球。而大多数情况下，你都是以高远球或吊球回击，以期转变被动局面。但如果你能采用后场击球的假动作，则可以化险为夷，有时还能直接得分。

（1）后场下手击球的假动作。

当对手压你的反手后场很到位时，你能迅速移动到位，还可以采用正手绕头顶回击球，也可以用反手回击球；但此时你的对手通常已移动到你反手位的同一半场，以便抓机会封杀你的高球和防你杀一个压边线球。这时候，你原来准备用反手的上手球去回击，但摆好姿势并不击球，好像对方的高远球已出界，让球继续下落，以迷惑对方，使之思想松懈而放松警惕。此时就在球将要接触地面的一刹那，你用反手的下手挥拍，挑了对手一个大角度的远网网前球，让对方想不到有这一招，其效果则不言而喻。此例最经典的是王莲香与叶钊颖在 1998 亚运会女单的决赛中，王莲香采用后场反手击下手球的假动作，将叶钊颖骗了，使叶最终补救不及而回球下网失误。

（2）后场反手击球的假动作。

当对手压你的反手后场很到位时，你采用反手大幅度地引拍，似要回对方一个反手高远球或平高球。但真正击球的一刹那，手腕控制反拍面，斜劈对方一个远角网前球，从而让对手意想不到。

（3）后场侧身杀斜线的假动作。

比赛中，对手较多时候会以平高球压你的正手位的远端后场角。你可以采用正手后退步伐，在最后一下起跳，身体与边线平行，头也不转，似要杀对方一个压边直线球。因为你没有转体，对手将注意力放到你的正手半区（他自己的反手半区），而你的手臂和手腕突然一旋，杀对手一个正手大斜线，落点在中场区，或者劈吊大斜线到对方的另一网前角，其妙处就只能让对手回味了。使用该假动作最经典的选手非陶菲克和盖德莫属。

羽毛球比赛中还有许多精妙绝伦的假动作，在此难以一一列举。但无论使用何种假动作去迷惑对手以达到你真正的目的，都取决于你在羽毛球比赛中对场上的阅读能力和驾驭比赛的本领。而想要学好假动作，必须坚持以下基本原则：

• 任何时候都要保持动作的一致性。

• 三分手法与七分步伐。任何时候都要脚下到位，最好是提前到位，这样你就可以从容不迫地发挥你的技能。

• 不断积累丰富的比赛经验和培养良好的判断能力。

• 加强比赛意识，善于总结经验教训，提高自身水平。羽毛球比赛千变万化，斗智斗勇，克敌制胜不仅需要真功夫，也需要出其不意的手段。假动作在羽毛球比赛中是一朵绚丽的奇葩，分外娇艳。而各项技术动作击出的球都可实实虚虚、虚虚实实、虚实并重，这提高了羽毛球比赛的观赏性，也是羽毛球的魅力和乐趣所在。

八、羽毛球打法、战术及双打

羽毛球的打法，是指根据个人的技术情况、身体素质、意志品质、性格特点等条件而培养形成的各自不同的打法类型；战术，则是指根据对手的技术、打法、体力和习惯等因素所采取的争取比赛胜利的一种对策。打法与战术虽不能等同，但二者有着密切的联系。打法和战术的基础是技术，而技术的不断发展，又能促进打法和战术的更新和提高。

初学者在掌握了一定的基本技术之后，应了解一些羽毛球的打法和简单的战术，并找出一些适合自己特点的打法，掌握一些在比赛中会用到的战术原则。

1. 各种类型的打法

单打、双打均有各自的打法，两者并不相同。

（1）单打打法。

①压后场底线。

这是一种以高球压对方后场底线，迫使对方后退，然后寻找机会以大力扣杀或吊网前空当，争取得分的打法。这是初学者必须学会的基本打法，运用这种打法对付后退移动较慢或基本技术掌握较差的对手是十分有效的。应当注意的是，压后场时，不论是高远球还是平高球，都要压得狠、压得低，如果压后场软绵无力且达不到底线，则易遭受对方的攻击，致使这种打法失效。

②打四方球。

己方以高球或吊球准确地将球击到对方场区的四个场角，调动对方前后左右跑动，打乱其阵脚。在对方来不及回中心位置或回球质量较差的时候，抓住机会进攻得分。这种打法要求运动员本身有较强的控球能力和快速、灵活的步法，以及较强的突击进攻能力。

③快拉快吊。

己方以平高球快压对方后场两底角，配合快吊网前两角，吸引对方上网，并以网前搓球、勾对角球结合推后场底线，迫使对方疲于奔命、被动回球，从而为己方创造中后场大力扣杀或网上扑杀的机会。这是一种积极主动、快速进攻的打法，它要求运动员有较全面的攻守技术，且手法准确熟练、步法快速灵活。

④后场下压。

己方在后场扣杀对方击来的高远球，结合吊球，迫使对方被动挡网前球。这时可趁机主动快速上网搓、推球，创造机会，再以重杀或劈杀结束战斗。这是一种全攻型的打法，具有先发制人、快速凶狠等特点。它要求运动员体力好，连续大力扣杀的能力强，脚步移动快而积极。

⑤守中反攻。

这种打法主要利用拉、吊四方球及防守中的球路变化，来调动对方，伺机反攻（扣杀、吊或平抽空当）。此打法较适合本身进攻能力不强，但防守技术较好、反应较快、身体灵活且身材较矮的选手。

（2）双打打法。

①快攻封网。

从发球抢攻开始，以左、右分边站位，平抽快打，以快速杀球为主，压在前场进攻。这种打法要求运动员要有较好的半场平抽打技术和较强的封网意识，力争在前场结束战斗。

②前场打点。

通过网前搓、勾对角及推半场球或找空隙进攻，打乱对方站位，创造后场进攻的机会。它要求运动员有细巧的网前技术。

③后攻前封。

两运动员基本保持前后站位，后场逢高球就下压，当对方回球到前半场或网前时，即予以致命的扑杀。这种打法要求站在后场的运动员具有连续扣杀的能力，站在前场的运动员具有较强的封网意识和技术。

④抽压底线。

以快速的平高球或长抽球压住对方底线两角，即使在对方扣杀时，也能以平抽反击或挑高球达到对方两底角，以此来调动对手，并伺机进攻。它要求运动员具有较强的防守能力和较好的底线平抽球技术。

2. 选择羽毛球打法时需要注意的自身因素

（1）身体条件。

一般来讲，身材的高矮、力量的大小、体力的好差等，都会影响到打法的选择。例如，身材较高、力量较大的人，可以攻击性较强的后场下压打法为主；身材不高，但体力好、身体较灵活者，可以守中反攻的打法为主等。

（2）技术掌握情况。

基本技术掌握较全面、攻守技术较佳者，可以快拉快吊打法为主；杀球技术掌握得很好，且杀球有力、落点控制较好，网前技术也不错者，则可以后场下压、上网控制网前的打法为主；控制球的能力较强，且有耐心者，则可选择打四方球；防守技术掌握得很好，且步法灵活、移动快的人，则可选择守中反攻的打法等。

（3）性格和气质特点。

性格属外向型，且气质类型又为胆汁质者，较适合选择全攻型的打法；性格内向，气质类型又为黏液质者，宜选择打四方球、活守中反攻的打法；性格属中间型，气质类型为多血质和黏液质混合型者，则选择攻守兼备的快拉快吊的打法较好。另外，还应针对不同的对手采用不同的打法，以扬己之长，克彼之短。

以上各因素，对选择打法的影响并不是单一孤立的，更不是绝对的，它们互相适应，互为补充。身材虽较高但性格内向者，选择防守型的打法也会占有优势；个子虽不高，但弹跳力强、步子移动快速灵活、杀球技术很好，且性格又外向者，选择攻击型的打法常能取得主动。总之，各人选择的打法类型应倾向于使自己各方面能力都能得以充分发挥为好，切不可不顾自身特点，更不能机械地模仿他人。

3. 临场如何运用战术

什么叫战术？其实就是以己之长攻彼之短。第一，你要以最快的速度找出对手的弱项，如网前小球差、速度慢、反手不熟悉等。任何一个人都有擅长和不擅长的地方，你只要抓住他不擅长的地方加以攻击，就有机会得分，前提是同样的地方你不比他差太多。第二，眼要快，要抓住机会。有时候不需要主动攻击，只要抓住对手的失误你就能有机会，比如对手回球失误时，你一定要抓住机会；比如他移动不到位时，你就要利用该时机进攻。总之，要利用一切机会，以自己的方式攻击对手的不利局势，“趁他病要他命”，这就是一种很实用的战术。我国羽毛球战术的指导思想是“以我为主、以快为主、以攻为主”，也就是这个道理。

（1）以我为主。

不受或尽可能少受对方影响，积极施展自己擅长的技术和打法，压制对方技术的发挥，掌握比赛场上的主动权。

（2）以快为主。

在手法、步法、意识上都要抢时间、争速度，从而抓住有利时机控制场上的主动。同时，也要善于根据战术变化的需要，把握快慢节奏的转换，使快速进攻收到更好的效果。

（3）以攻为主。

进攻是最好的得分手段，任何时候都要把进攻放在首位。同时，也强调要能攻善守，在防守时仍要以各种球路变化来积极地转守为攻。

总之，战术有很多种，必须根据当时场上的主、客观条件，对手的状态以及自己的技术水平作出对自己最有利的击球组合。

4. 如何把正在练习的新技巧应用在比赛上

刚开始学习一种新击球技巧时，你会发现，在练习中很容易把它使出来，但一到了比赛就几乎完全用不上。比如，你最近正在练习反手搓球，当与教练练球时，你可以打得很稳，但在比赛中却常常把球搓下网，反而容易对应用此技术失去信心，从而导致最终放弃，这往往是紧张和焦虑所致。为此，你需要采取一个循序渐进的步骤。所以，当你开始学习一个新的击球动作时，不要马上在有压力的情况下把它派上用场。等到你对这个击球动作越来越熟练时，可以再慢慢地把它用在较有压力的情境中。

在羽毛球比赛中，如何正确地运用战术是一个很重要的问题。运用得当，可使自己牢牢地掌握场上的主动权；相反，错误的战术则会使自己处处被动。当然，在双方技术水平悬殊太大时，再合理的战术也无济于事，只有在技术水平相当的情况下，战术才能起到决定作用。正确运用战术时，应注意以下几个问题：

（1）知己知彼。

知己知彼是制定战术的依据。比如，了解到对方的网前技术较差，那么对付他的主要战术应当是攻前场；对手的身体灵活性较差，那就要多运用打对角线的战术。“知己知彼”还有一层意思，即了解对方短处、己方长处的同时，了解对方的长处和自己的短处，以制定出避实就虚、扬长避短的战术。

（2）以我为主。

不论运用何种战术，都要坚持“以我为主”的打法。以我为主，即比赛时坚持赛前所制定的战术，而不能因比赛中出现了一两次失误就立刻盲目地改变战术。另外，“以我为主”还指在比赛中应坚持自己的打法特点，因为每位选手的打法特点都是经过各方面的选择和在长期的练习中形成的，不能轻易更改，否则必将失去自身的优势。

（3）随机应变。

球类比赛场上的情况是千变万化的，因此，对战术的运用也必须有应变的能力。在比赛中，选手除了要坚持既定的战术之外，还要不断地检验战术的效果。如在比赛频频得手时，打得很顺当，就应将战术坚持下去；如双方僵持不下或本方比分落后，应尽快找出原因，改变对策，制定新的战术。例如，本方原以打网前球为主，交手后对方主动靠前站位保护前场，这时，本方就应一改初衷，去压对方的后场。再如，本方原施行杀、吊上网为主的战术，面对对方出色的防守，就不妨改用打四方球战术，以准确的落点来调动对方的站位，使其被动后，再实施进攻战术。当自身擅长的打法被对方所遏制时，本方可以运用辅助打法去摆脱对方，使其战术失效。总之，根据临场情况随机应变，才能保证在比赛中经常处于主动地位。

5. 双打

羽毛球双打比单打每方各增加一名队员，而场地宽度仅增加了 92 厘米，接发球区还比单打缩短了 76 厘米。因此，双打从发球开始就形成了短兵相接的局面。由于进攻和防守都加强了，这就更加要求运动员要技术全面，能攻善守，反应灵敏。特别是对发球、接发球、平抽、挡、封网、扑、连续扣杀、接杀挑高球及防守反击等诸多技术要求更高。两名队员配合默契、相互信任，打法上攻守衔接及站位轮转协调一致，是打好双打的关键。

(1) 发球。

由于双打的后发球线比单打短，在双打中若发高远球，接发球方可以大力扣杀，直接争取主动，同时又较少有后顾之忧。因此，站位往往压在靠近前发球线处，这对可发球者造成心理上和技术上的很大威胁。所以，发球质量、线路的配合、弧线的制造和落点的变化对整个双打比赛胜负的意义极其重大。可以毫不夸张地说，比赛的双方若水平差不多，则胜负在很大程度上取决于发球质量。

①发球站位。

发球的站位不同，对发球的飞行线路、弧线、落点和第三拍的击球都有影响。

- 发球者紧靠前发球线和中线。

这种站位始于反手发网前内角，球过网后球托向下，不易被对方扑击。由于站位靠前，因此也便于第三拍封网。但站位靠前不利于发平快球，一般是发往前内角位球配合发双打后发球线的外交叉位平高球。

- 发球者站位离前发球线半米，靠中线。

这种站位发球的选择面较广，正、反手都可发网前球、平快球和平高球，并且各种线路都可以发。缺点是球的飞行时间长，对方有较多时间判断处理，发球后如果抢网较慢也容易失去网前主动权。

- 发球者站在离中线较远处。

这种站位主要用于在右场区以正手或在左场区以反手发平快球攻对方双打后发球线的内角位，配合发网前外角。值得一提的是，其只能作为一种变换手段，因为其只对反应慢、攻击力差的对手有一定威胁，而对方有了准备时作用就不大了，而且还会使自己陷入被动。

②发球线路。

发球线路和落点的选择需注意如下几点：

• 调动对方站位，破坏对方打法。

如对方甲、乙两名队员站成甲在后、乙在前的进攻队形，在发球给乙时可以后场为主结合发网前，而发球给甲时却要以发网前为主结合后场。这样，从发球起就阻挠了对方调整站位。

• 避实就虚，抓住对方弱点发球抢攻。

首先要看接发球者的站位，如对方紧压网前站在网前内角位，可用发网前与后场动作的一致性发球到对方后场外角位。如对方离中线较远，则可发平快球突袭后场内角位。针对接发球线路呆板、变化少的情况，可发球后抢封角度突击。

• 发球要有变化。

发球时，网前要和后场配合，网前的内角、外角要和底线的内角、外角位配合，使对方首尾难于兼顾，多点设防，疲于应付；在发球的弧线上也要有所变化。这样，接球方就难以摸到发球方的规律了。

③发球时间的变化。

接发球方在准备接发球时，思想虽然高度集中，但因受到发球方的牵制，要等球发出后才能判断、启动和还击。所以，发球动作的快、慢也应在规则允许的范围内有所变化，不要被接球方掌握规律。

④发球时心理的影响。

在双打比赛中，有时会出现发球失常的状况，其原因一是发球技术不过硬，二是受接发球者的影响。由于接球者站位逼前，扑、杀凶狠且命中率较高，加之比分正处于关键时刻，发球者心情紧张，导致手软，从而影响了发球质量。遇到这种情况，首先要沉住气，观察接发球者的动向、心理意图和接发球的线路和规律，提高发球质量，增强还击第三板的信心。另外，发球的线路要善变且无规律，真真假假、虚虚实实，这样就可以减少不必要的顾虑，发球质量也会稳定下来。

（2）接发球。

接发球虽然受发球方的牵制，属于被动等待，但由于规则对发球做了击球点不能过腰、球拍上沿须明显低于手、动作必须连续向前挥动（不许做假动作）、不能迟迟不发等诸多限制，所以这使发球者发出的球不能具有太大的威胁。接发球方如果判断准确，启动快、还击及时，就能在对方发球质量稍差时杀、扑得手或取得主动；反之，也会接发球失误或还击不利，使自己陷入被动。

①接发内角位网前球。

以扑或轻压对方两边中场及发球者身体为主要攻击点，配合网前搓、勾等其他线路。

②接发外角位网前球。

除了以上打的点外，还可以平推对方底线两角以调动对方一名队员至边角，扩大对方另一队员的防守范围。

③接发内角、外角位后场球。

应以发球者为攻击点，力争扣杀追身球。如果启动慢了，可用平高球打到对方底线两角。一般发球者在后场球发出后，后退准备接杀的情况居多，这时可用拦截吊球，落点可选择在发球者的对角。

（3）攻人。

这是双打中常用的一种战术，即以人为攻击目标。对付两名技术水平高低不一的对手时，一般都采用这种战术；对付两名实力相当的对手时，也可采用这一战术，即攻击两者结合部。发动几种攻势于对方一名队员，常能起到"集中优势兵力打歼灭战"的作用。在另一队员过来协助时，又会暴露出空当，可在其仓促接应、立足不稳时偷袭对手。

（4）攻中路。

①守方左右站位时，把球打在两人中间。

这种战术可以使守方两人抢接一球或同时让球，彼此难于协调；限制对手在接杀球时挑大角度高球调动攻方，有利于攻方的封网。由于打对方中路，对方回球的角度也小，网前队员封网的难度就小了。

②守方前后站位时，把球下压或轻推在边线半场处。

这种战术多半是在接发网前球和守中反攻抢网时运用。这种球守方前场队员拦截不到，后场队员又只能以下手击球放网或挑高球，此时后场两角便会露出很大空当，因而己方有隙可乘，可攻击他的空当或身体位。

（5）攻后场。

这种战术常用来对付后场扣杀能力较差的对手，把对方弱者调动到后场后也可以使用。此战术多采用平高球、平推球和挑底线技术，把对方一人紧逼在底线，使其在底线两角移动击球，在其还击出半场高球或网前高球时即可大力扣杀，取得该球的胜利或主动。如在逼底线两角时对方同伴要后退支援，则可攻击网前空当或打后退者的追身球。

（6）后攻前封。

后场队员积极大力扣杀创造机会，在对方接杀放网、挑高球或企图反击抽球时，前场队员以扑、搓、勾、推控制网前，或拦截吊，从而封住前半场，使整个进攻连贯而又有节奏变化，让对方防不胜防。

（7）防守。

①调整站位。

为了摆脱被动，伺机转入反攻，首先要调整好防守时的站位。如果是网前挑高球，那么击球者应该直线后退，切忌对角后退。而直线后退线路短、站位快、对角后退线路长，也容易被对方打追身球。另一名队员应根据同伴移动后的情况补到空当位。双打防守时的站位调整，都是一名队员在跑动击球时，另一名队员根据同伴的移动情况来填补空当。

②防守球路。

• 攻方杀球者和封网队员在半边场前后一条直线上，接杀球应打到另半边前场或后场。

• 攻方杀球者和封网者在前后对角位上，接杀球可还击到杀球者的网前或封网者的后场。

• 攻方杀球者杀对角后，另一名队员想要退到后场去助攻时，接杀球时可以还击到网前中路或直线网前。

• 把攻方杀来的直线球挑对角，杀来的对角球挑直线，以调动杀球者。

关于防守的方法还有很多，但目的都是为了破坏攻方的进攻节奏和遏制对方的进攻势头，在攻方进攻势头减弱时即可平抽。若攻方站位混乱出现空当，守方即可抓住战机转守为攻，从而取得主动。

“横看成岭侧成峰”，关于羽毛球的各项技术及其在赛场上的运用可谓见仁见智，在这里只是粗率地表达出笔者的一点见解，希望对广大羽毛球爱好者的运动健身有所帮助。我们都知道“读万卷书”与“行万里路”的道理，有些技术的运用技巧和运用时机并不能单靠文字得到很好诠释，这就需要我们在掌握基本理论的同时，结合更多的羽毛球运动实践去体会、记忆与交流，在不断的总结中进步，在对外的交流中提高。在丰富生活与促进健康的同时，逐步提高自己的羽毛球技巧和战术。

参考文献

[1] 苏长. 羽毛球教学中的步法移动技术. 华章,2011(6).

[2] 姜晓宏，张力. 羽毛球选项课教学方法的探索与实验. 辽宁体育科技,2005 (4).

第五章　特定人群的羽毛球运动

一、青少年羽毛球

在现今快节奏的生活中，青少年常面对繁重的功课和考试压力，导致身心均容易受到损害，我国青少年体质多年来持续下降和心理问题频发的事实也正说明了这一点。其实每位家长都十分关心自己的孩子，希望他们能活泼健康地成长。要让青少年拥有健康的体魄，必须培育和鼓励他们从小养成保持运动的习惯，这亦是家长和老师应该一起来贯彻实施的目标。同时，持之以恒的运动和均衡的饮食，亦可降低肥胖、近视、冠心病、糖尿病等疾病出现的概率。羽毛球运动由于具有高雅、受伤概率低、趣味性强等特点，成为广大家长和青少年的主要运动项目选择。

1. 羽毛球运动有助于青少年身心的良好发展

（1）增强心肺功能，促进血液循环。

（2）降低儿童在成年后患上心脏病、高血压、糖尿病等疾病的概率。

（3）增强身体抵抗能力，减少疾病。

（4）增加骨质密度，预防骨质疏松。

（5）增强肌肉锻炼，消耗体内脂肪，维持适当体重，促进身高增长。打羽毛球需要孩子不停地来回快速移动，而脚下的快速移动对拉伸大腿内侧、膝盖周围和小腿内侧的韧带有相当多的好处。从五六岁起就打羽毛球的孩子，一般平均身高可比同龄人高出 5 厘米左右。

（6）增加筋骨灵活性，降低受伤的概率。

（7）舒展身心，有助于安眠和消除读书带来的压力。打羽毛球时，回击高球的动作相当于芭蕾舞的向后引臂，令颈椎与脊椎处于放松状态。对长期伏案写字或埋头练琴的孩子来说，这不仅可以预防脊椎压力过大而造成的抑制长高，而且对防范颈椎病也有很大的好处。随着电脑的普及和课业的加重，颈椎病的幼龄化倾向值得父母关注，而在任何一个年龄段，打羽毛球都是预防颈椎不适的最佳方法之一。

（8）提供与家人或朋友一起分享乐趣的机会。有心理学家认为，打羽毛球是迄今为止最好的“亲子活动”之一。

（9）增加自信心。随着孩子练球时间的不断推移、羽球技能的不断提高，他的自信心会得到很大增强，这时再结合适当的鼓励与教育，效果会更好。

（10）提高反应速度。为准确回球，打羽毛球的孩子头脑反应要很灵活。专家研究发现，半年的羽毛球锻炼就可以使孩子的快速判断时间从 0.3 秒缩短到 0.1 秒，最优秀者可缩短至 0.05 秒。[1]

（11）提高抗挫折能力。学习羽毛球的过程也伴随着喜悦、沮丧、迷茫与惆怅等各种情绪，这对孩子在成长中以积极的心态面对困难大有益处。

2. 对青少年打羽毛球的忠告

虽然青少年练习羽毛球的主要目的是掌握羽毛球的基本技术，但更为重要的应该是培养他们的羽毛球兴趣，促进其健康发育。

为了充分鼓励青少年打羽毛球，各位家长和老师必须首先注重培养他们对羽毛球的兴趣。兴趣是最好的老师，有时甚至比天赋还重要，一开始就把运动成绩摆在第一位往往会严重挫伤青少年的积极性。其次，虽然羽毛球运动受场地条件的影响比较小，但一定要注意，尽量不要在风大的情况下打羽毛球。风大的条件下，球的落点和空中的飞行弧线不准确，为了迁就风的影响刻意去做相应的动作，很容易造成发力动作的变形和一定的运动损伤。

据研究显示，每天进行半小时或以上的体力活动，对健康有莫大裨益。因此，建议各位爱好羽毛球的青少年在每星期用不少于3.5小时的课余时间去打羽毛球。

3. 青少年打羽毛球的安全守则

打羽毛球对青少年的成长发育有很多好处，但同时也存在潜在的危险。运动前要充分做好健康检查，根据每个孩子的实际情况采取适宜的锻炼方法。在教青少年尤其是10岁以下的孩子打羽毛球时，教练和家长应注意以下几点：

（1）在打羽毛球之前，首先让医生检查孩子的发育状况和健康状况，确定其是否适合打羽毛球。

（2）在此基础上，根据孩子的自身情况适当地指导其运动。青少年的发育各有差异，千万不要千篇一律地按年龄大小考虑问题。

（3）运动前、运动中、运动后都要注意保暖，尤其是运动后，必须及时帮孩子换掉湿衣服，穿上干衣服。

（4）要在打羽毛球前1小时吃完饭，最好在胃中的食物充分消化后再进行运动。打完羽毛球20～30分钟后再进食，因为运动后肠胃的功能较差。

（5）打完羽毛球后，要注意让孩子得到充分的休息，避免使其过度劳累。

（6）如果孩子有感冒、发烧等症状，建议不要让其进行高强度的羽毛球运动。

（7）注意运动场所，避免在湿滑、黑暗的地方进行，以防发生意外。

4. 根据青少年的发育、成长情况予以相应指导

对处于成长、发育过程中的青少年来说，掌握适合各个成长、发育阶段的运动方法很重要。特别是身体还没有完全发育的10岁以下的儿童，不宜从事运动量大、强度大的羽毛球运动。人体是由各种组织器官系统组成的完整统一的整体。青少年正处于生长发育的旺盛阶段，各器官的发育是不平衡的，换言之，各种器官的生长发育不是同步进行的。这种生长发育的不平衡性又是有一定规律的，在青少年阶段如果不注意全面锻炼，就可能扩大生长发育的这种不平衡性。

因此，10岁以下的儿童打羽毛球时，一定要选择多种多样的训练方法，不宜只做身体局部运动。例如，总习惯用左手或右手打羽毛球，会给身体带来发育障碍。因此，平时可以用弱侧手打一打，以提高整个身体的协调发展。

不断重复单一动作的训练，对成长期的儿童来说有害无益。从根本上来说，不宜指导10岁以下的儿童过多进行这种单一重复动作的锻炼，重点应放在最基本的技术学习上。必须想方设法在练习中加上玩耍和游戏的成分，使儿童在练习中感到快乐，体验到羽毛球的乐趣。到10～18岁的年龄段时，游戏的成分逐渐减少，运动量和运动强度逐步加大，对正规动作的要求也越来越高，并逐步加入相应的战术训练。[2]

5. 对家长们的忠告

大部分家长都有望子成龙、望女成凤的心理，因此在对待青少年打羽毛球的态度上，往往存有急功近利的思想。为了使广大青少年通过打羽毛球真正达到健身、快乐、提高运动水平的目的，提出以下建议：

（1）各位家长应使青少年受到良好的、全面的基本技术、战术教育，不可过分早期专项化。

（2）各位家长关注的焦点应该放在孩子的运动表现上，而非比赛结果或排名等方面。

（3）要对孩子强调参与羽毛球运动只是一种锻炼的方式，让孩子感受到其中的乐趣，养成良好的运动习惯，进而让运动成为其生活的一部分，从事终身体育才是最终目的。

（4）让子女们认识到家长对自己成长的关心，帮助他们培养责任感（对父母物质上的投入与精神上的鼓励心怀感恩，对自己在时间与精力上的付出要获得健康、技能等方面相应的回报）。

（5）家长必须认识到，自己的孩子有权去参与羽毛球运动，也有权选择拒绝它。

（6）孩子的神经中枢的灵活性和协调性较差，所以一开始打羽毛球时往往屡击不中，即使打中，也不能控制球的力量和方向。因此，家长一定要有耐心，积极鼓励孩子，同时配合教师在打球的方法、技巧等方面逐渐提高要求。

6. 青少年羽毛球选手训练模式

针对青少年不同年龄段的生理、心理特点及其身体发育情况，并以促进其全面发展为目标，可针对性地采用不同的训练方法和手段（见表5-1）。

表5-1　青少年羽毛球选手训练模式

年龄（岁）	羽毛球与非羽毛球训练比例（%）	一般训练	羽毛球训练	比赛	教法特点
6~8	30:70	参与多项不同运动；培养全面性和协调性；大约2.5小时/周	持续练球不失误；大约1.5小时/周	小型羽毛球团体赛	趣味性和多样性
9~10	50:50	参与多项球类运动；大约4.5小时/周	练习各种打法；介绍基本战术；大约4.5小时/周	大约15场单打/年	正确的示范
11~12	55:45	积极发展柔韧性和灵敏性；进行快速力量练习；大约5小时/周	加强基本技术、战术的练习；大约6小时/周	50场单打/年、30场双打/年；地方性及全国性比赛	强调运动员的临场表现
13~15	65:35	发展速度、耐力和肌力；参与其他运动项目；大约8小时/周	积极练习发球；形成自己的战术特色	75场单打/年、35场双打/年；全国性比赛	加强意志力和自控力训练

（续上表）

年龄（岁）	羽毛球与非羽毛球训练比例（%）	一般训练	羽毛球训练	比赛	教法特点
16岁及以上	70:30	完全发展有氧、无氧能力；大约8小时/周	结合自身特点练习；形成自己的技战术特色；大约15~20小时/周	80~100场单打/年、40~50场双打/年	加强球员的专项能力

7. **青少年羽毛球选手不同年龄段提高不同的身体素质**

身体素质的发育有一定规律，在进行羽毛球训练时抓住不同身体素质发育的快速增长期和敏感期，可有效提高青少年的身体健康水平和运动水平。

例如，灵敏性素质和柔韧性素质可以练得早一些，速度素质也可以适当地进行早期训练；耐力性素质由于能力消耗量大，对心肺功能的要求高，因此，应适当延后。表5-2是青少年羽毛球选手不同年龄段提高身体素质的重点。

表5-2 青少年羽毛球选手不同年龄段提高身体素质的重点

身体素质	5~8岁	9~10岁	11~12岁	13~14岁	15~16岁	17~18岁	19~20岁	20岁以上
最大力量				1	2	3	3	→

（续上表）

身体素质	5～8岁	9～10岁	11～12岁	13～14岁	15～16岁	17～18岁	19～20岁	20岁以上
爆发力			1	2	2	3	→	→
力量耐力				1	2	3	3	→
有氧耐力		1	1	2	2	3	→	→
无氧耐力				1	2	3	3	→
反应速度		1	1	2	2	3	→	→
柔韧性	2	2	2	3	→	→	→	→
协调性	1	2	3	3	→	→	→	→

备注：1 ＝ 开始训练（每周1至2次）
2 ＝ 增加训练量（每周2至4次）
3 ＝ 实行高强度训练（每周4次或更多）
→ ＝ 持续训练

8. 加强青少年的责任感和自控力训练

羽毛球运动不仅要使青少年的身体得以发展，还要培养他们的情操，通过打羽毛球使广大青少年身心同时健康发展。培养青少年良好的责任感和自控力，必须长年累月、持续不断地进行。因此，必须及早施加措施影响广大青少年，并大力培养他们在这方面的素质。

（1）14 岁及以下。

自己准备练球前的球拍、羽毛球、球衣、水壶等装备，准时到球场练球，学习羽毛球基本规则。

（2）15～16 岁。

自觉做准备活动，自觉进行及时补水，适当进行小群体比赛，自己寻找双打搭档，自觉进行球具的维护与保养。

（3）17～18 岁。

自觉积极练球，控制自己的情绪，自觉安排赛事准备，自我调节赛前状态，自己分析对手，维持良好的饮食习惯，自我完成对比赛表现的评估。

二、女性保健羽毛球

爱美的女人经常会抱怨磅秤和皮尺显示出的数据不给面子，其实这都是零食和懒惰惹的祸。聪明的女人会以运动来塑造姣好身形，而羽毛球是众多有氧运动爱好者的首选。打 45 分钟的羽毛球，大概需要进行 200 多次的身体调整，击球次数高达数百次，其中大部分需要大幅度挥动手臂击球，而每次又都需要身体各部分协调运动。对于单打来说，这个数字还有更大幅度的提高。最直观的数据显示，以普通节奏进行 15 分钟羽毛球运动，将消耗 90 千卡的热量。对于女性修身塑形、有氧减肥来说，羽毛球运动真正让她们做到了娱乐健身两不误。

• 羽毛球运动员无论男女，身材都很匀称，尤其是女队员，四肢修长，亭亭玉立，这是由羽毛球运动的特点决定的。打羽毛球会锻炼到的部位，其他运动不容易练到。

• 美容羽毛球是室内运动，室内温度湿度都较高，与网球经常暴露在日晒之下相比，就像在蒸笼里蒸的包子馒头和在锅里煎的锅贴，哪个使人皮肤更好呢？

• 由于生理上的差异，女性在力量、速度上远逊于男性。但是羽毛球运动是技术复杂、灵活且需要动脑筋的项目，同时也不乏力量之美，所以在球场上女人把男人打得满地找球的现象比比皆是。

• 优雅的羽毛球运动强调协调，动作舒展、步法合理，用好技术能取得四两拨千斤的效果。如果你在现场看过职业球员打球，一定很羡慕他们动作的优美。不像别的运动那么强调力量和身体对抗，比如网球、篮球等项目，为了发力，很多女运动员大喊大叫，甚至出现赛场冲突，这在羽毛球赛场是绝对不会发生的。

1. 女性的生理周期与打羽毛球

随着社会的发展，女人的社会地位越来越高，从事羽毛球运动的女性也越来越多。羽毛球运动无身体接触、趣味性高等特点，使其逐渐成为众多女性的一项终身运动。在女性参与运动的过程中，不可避免的就是遇到月经周期。月经期能打羽毛球吗？如何打羽毛球？

月经周期是成年女性的正常生理现象，是生殖器官的周期性变化，在正常情况下，月经期参加适当的羽毛球运动是有益无害的。参加羽毛球运动能改善人体的机能状态，促进血液循环，改善盆腔内生殖器官的血液供应。同时，运动时腹肌、盆底肌收缩与舒张交替进行，对子宫也起到一定的按摩作用，这些都有利于经血的排出。

但是在经期打羽毛球，负荷量不宜过大，负荷强度也不宜过强，并且要缩短锻炼的时间，放慢速度，以达到放松肌肉的作用。同时，也要避免竞争激烈的比赛。月经期参加竞争激烈的比赛，容易因高度的精神紧张而导致内分泌功能紊乱，出现月经失调。[3]

2. 月经期打羽毛球者的饮食

女性在月经期常会出现一些生理或心理上的变化，如疲劳、焦虑、烦躁等。女性怎样进食才能更好地适应这一生理周期呢？

月经前期可以多吃一些“疏肝理气”的食品，如圆白菜、柑橘等。月经来潮初期，女性常会感到腰痛、不思饮食，这时不妨多吃一些开胃、易消化的食物，如枣、面条等。由于经期会损失一部分血液，因此月经后期需要多补充含蛋白质及铁、钾、钠、钙、镁丰富的食物，如肉、蛋、奶等。另外，红花可以通络活血、消肿止痛，对经期女性具有补身健体、消除疲劳的作用。

3. 不同年龄段的女性与羽毛球运动

（1）幼儿期—青春期。

从幼儿期至青春期，男女之间没有什么特殊差异，在坚持打羽毛球方面没有显示出女性的特殊之处。

（2）青春期—成人。

女子进入青春期后，雌性激素分泌增多，身体脂肪增加，在坚持打羽毛球方面，月经成为限制其参与羽毛球运动的大问题。但只要处理得当，月经不会影响打羽毛球。妇女怀孕后，如果在适当的时期采取适当的措施（如在身体和精神状态好的时候，进行低强度、动作舒缓、以有氧为主的羽毛球运动），打羽毛球不仅可以缓解怀孕伴随的各种症状，还能减轻分娩带来的负担。

（3）中老年。

中老年人一般都会因吃得过多和缺乏运动而产生肥胖问题，并且妇女临近中老年时，常会产生骨质疏松症。所以，中老年人要努力坚持运动。现在越来越多的中老年人加入了羽毛球运动，正说明打羽毛球是适宜中老年人的一项运动。

年龄超过40岁后，女性往往由于卵巢激素分泌异常而导致多种疾病的发生。首先是月经紊乱，然后是绝经前后出现的更年期综合征及绝经后出现的高脂血症、动脉硬化及骨质疏松症等。要预防这些疾病，可采用羽毛球运动疗法，运动处方如下：运动频度以每周3～5次为宜，每次活动至少30～60分钟，保持中等运动强度并随时观察自身状况，就可以长期享受此项运动带来的各种益处。

4. 羽毛球运动对怀孕妇女的重要性

（1）羽毛球运动可让怀孕期变得快乐一点，减轻怀孕期间所产生的相关不舒适症状，如背痛、肥胖、便秘和四肢肿胀等。

（2）羽毛球运动可为怀孕妇女提供一个心理上的“依靠”。

（3）羽毛球运动可以改善孕妇的情绪，有助于夜间睡眠，而且可以帮助孕妇轻松顺利地分娩。

5. 对孕妇打羽毛球的忠告

（1）怀孕妇女打羽毛球时，在强度、频率和时间方面都应该下降到中等强度，尤其是怀孕前属于坐式形态生活群的女性。

（2）注意运动前的准备活动和运动后的放松活动。在怀孕期间，妇女的结缔组织会变得松弛（因为额外荷尔蒙分泌造成某些关节、肌腱和韧带的松弛），关节变得较容易受伤。所以，在这期间伸展的目标就会变成以预防肌肉抽筋、酸痛或是舒展下背为主，而不是增加关节的活动范围。

（3）怀孕期间要避免在炎热的天气下从事羽毛球运动。运动会同时提高母体和胎儿的中心温度，但是因为胎儿无法自行进行散热，所以怀孕妇女要避免让自己和胎儿处于炎热的环境下。

（4）怀孕期间不可以运动到筋疲力尽的程度，一旦感觉到疲劳并长时间不能恢复到平衡状态，就应该立刻停止运动。

（5）打羽毛球前应首先体检（包括自我状态判断和医院检查判断）。

（6）怀孕期间如果要从事羽毛球运动，需要摄取足够的饮食营养以应付因运动所产生的额外能量消耗。

三、中老年人羽毛球

1. 中老年人健身的首要选择——打羽毛球

随着医学卫生事业的进步与发展、卫生知识的普及以及物质条件的改善，人均寿命在不断增长。据 2010 年第六次全国人口普查详细汇总资料统计，2010 年我国人口平均预期寿命达到 74.83 岁。[4] 另外，根据全国老龄委的调查，2013 年年底中国老年人口总数将超过 2 亿，老年人的健康关系到整个社会的和谐与稳定。医学研究表明，心脑血管病、糖尿病、骨质疏松症已成为中老年人的常见病与多发病。为此，中老年人的健康已越来越受到重视。目前，中老年人为了防治各种常见病与多发病，大多采用各种体育锻炼进行预防和康复。

体育锻炼是劳动者的生活必需，是一种积极的休息与调整，不等同于家务劳动。它能促使脑内供应能量再合成，加速信息传递，促进疲劳消除，尤其是在当今快节奏的社会里，合理的运动可缓和神经肌肉的紧张，从而达到放松身心的目的。

羽毛球是隔网对抗项目，没有身体的直接接触，受伤概率远远低于其他有对抗性的项目，安全、文雅并可控制强度。另外，羽毛球运动需要有一个对手或球友，中老年人可以通过打羽毛球增进友谊，加强团结，交流球技，开展社交活动，尤其对退休或空巢老人排解寂寞进而娱乐身心有极大的益处。所以，羽毛球运动也越来越受到中老年人的喜爱。

2. 中老年人参与羽毛球运动的原则

（1）参加羽毛球运动要循序渐进，决不能急于求成。同时，开始锻炼时运动量宜小，待适应以后再逐渐增加运动强度。经过一段时间的运动后，如果运动时感到发热、微微出汗，运动后感到轻松、舒畅、食欲及睡眠均好，说明运动量适当，效果良好，应该继续坚持下去。

（2）羽毛球运动要想取得良好的效果，必须持之以恒，决不能“三天打鱼，两天晒网”。同时，要合理地安排好时间，养成按时锻炼的良好习惯，注意掌握适当的运动量。

（3）羽毛球运动要因人而异，主要考虑以下几个方面：

①年龄不同。

②性别不同。

③健康状况不同。老年人身体有强弱之分，即使相同年龄

段的人，身体状况也各有差别，有的甚至患有慢性疾病。

④工作性质不同。工种的不同造成身体的各个部位发展不平衡，因此更应该采取有针对性的锻炼措施。

⑤锻炼的基础不同。有的老年人从少年或中年起就开始锻炼，这部分人技术好、体能充沛，即使偶尔参与超负荷运动也没多大问题。但如果参与运动的时间晚，羽毛球技术薄弱，这样的老年朋友还是要从基础开始，再逐步参与娱乐性质的比赛。

（4）羽毛球运动时要进行自我监测，目的在于适时调整运动方法和锻炼计划，防止过度疲劳，避免发生运动损伤，增强锻炼效果，提高健康水平。自我监测的内容有以下两个方面：一是主观感觉，即运动前、中、后的各种感觉，如食欲、睡眠、运动欲望、排汗量，有无疲乏感、心悸、气短、头痛、腰腿痛等症状。如果锻炼后精力充沛、心情愉快、睡眠及食欲好，无心悸、气短，虽有疲劳感，经休息后就能恢复正常，说明运动量比较合适；如果锻炼后感到非常疲劳，吃不下，睡不好，经休息后仍感到周身无力，甚至对锻炼产生厌倦感，说明运动量过大，应及时予以调整，减至合适的运动量。二是客观检查，包括测量脉搏、呼吸、体重等。我们一般以脉搏的变化来衡量运动量的大小，并把运动后的脉搏变化作为一种确定运动量的指标。一般来说，中老年人运动后脉搏数较运动前增加60%～65%，保持在110～120次/分钟较为适合。如运动中出现脉搏跳动过快、脉搏跳动减慢或变得不规则等情况，应立即停止锻炼，必要时去医院进行检查。同时，还应观察停止锻炼以后心率（或脉搏）恢复到运动前水平所需要的时间。

3. 中老年人打羽毛球的禁忌

（1）适度锻炼，忌激烈竞赛。

中老年人不论参加任何运动项目，都应重在参与、健身，不能争强好胜或过于注重比赛结果，否则激烈竞赛不仅让体力承受不了，而且还可能引起运动损伤，如摔倒可引起踝关节损伤、腰部损伤或膝部损伤。运动过度可引起慢性劳损，如髌尖末端症、肩峰下滑囊炎等，这些都会影响工作和生活。患有心脑血管病的人参与过度激烈的运动，还容易引发心脑血管病。

（2）忌憋气。

中老年人不宜做较长时间的低头、憋气、下蹲、弯腰等动作，千万不能屏气使劲，以免使心脏血液输出量骤增，血压上升，脑供血猛然增加，发生脑血管意外。因此，进行任何体育锻炼时都必须配合有节奏的自然呼吸，从而缓解对血管的压力。

（3）忌头部过分旋转活动。

中老年人血管壁变硬、弹性变差，在做低头、弯腰、仰头、颈部左右旋转或头向下的倒置动作时，会使血液流向头部，易发生血管破裂，引发脑出血。当突然抬头恢复正常体位时，血液又快速流向躯干和下肢，脑部发生缺血，容易出现两眼发黑、站立不稳，甚至摔倒的情况。因此，突然被动做低头动作，如上网接杀吊时，动作缓和一些、幅度小一些为好。

4. 中老年人骨折与羽毛球运动

冬天气温下降，中老年人身体灵活性下降，骨骼关节的柔韧性也大不如前，在运动前一定要做好相应的热身运动。对中老年女性来说，由于绝经期体内的雌性激素水平发生变化，容易导致骨密度下降、骨质疏松，发生骨折的概率更会增加。中老年妇女如果经常进行有规律的羽毛球运动，可以使骨密度增加，降低骨折的发生概率。经常打羽毛球可以加强全身骨骼肌肉的血液循环，激发骨质的形成，从而预防和治疗骨质疏松，使骨密度加强。

5. **中老年人心脏、血管血液循环与羽毛球运动**

中老年人保持健康的首要条件，是要提高心脏、血管的血液循环机能，平日从事锻炼也应以此为重点。每天给心脏、血管一定的刺激，是走向健康的根本途径。经常从事羽毛球运动的人，做过30～40分钟的运动以后，血压可以降到比活动前还低的程度。这主要是因为循环旺盛的血液通过闭塞的微血管，使其扩张，加大了血液流通量，从而降低了血压。如果人们能长期参加羽毛球运动，就可以把不运动时长期闭塞的微血管，改变成为长期开放的微血管，这对改善中老年人的血液循环具有重要作用。打羽毛球是一项全身运动，既能锻炼内脏器官，同时又能锻炼主要肌肉群，并且运动强度可以随时调节，有利于减少疾病的发生，何乐而不为！

6. **肥胖中老年人怎样进行羽毛球运动**

肥胖中老年人不仅行动缓慢，且常伴有高血压、冠心病、糖尿病等病症，如果运动过量势必会增加心脏负担，诱发心绞痛，甚至会发生意外。因此，肥胖中老年人在羽毛球运动时应注意以下事项：

（1）运动前应请医师全面检查，尤其是心脏功能检查，对患冠心病的肥胖中老年人，应进行运动前后的心电图对比观察。

（2）运动时应有人陪同或有熟悉其健康情况的运动伙伴在场，本人应随身携带健康记录卡和备用急救药品，以备紧急情况时别人能迅速了解病情，并能及时帮助其用药。

（3）肥胖中老年人进行羽毛球运动更应注意持之以恒，循序渐进，切忌急于求成，以免突然增加心脏负担，发生意外。

（4）运动后的心率以不超过同年龄组极限心率的 80% 为宜。

在运动和健康方面，该花的钱一定要花！而且要拼命花、努力花、抢着花！因为这花的是医院的钱，你不花，将来还是要交到医院的！预防永远比治疗更重要，“今天不养生，明天养医生”！这是知名主持人周立波关于运动与健康的经典语录，虽然有些尖刻与直白，但事实就是如此。希望我们都能拥有健康的生活方式，享受充实、健康的人生。

参考文献

[1] 傅辉沮，张恩光等．体育与健康．南京：河海大学出版社，2002.

[2] 李梦龙．羽毛球教学中 CMC 师生互动模式的探讨．体育科技文献通报，2011（3）.

[3] 唐念．业余羽毛球运动人群运动损伤的调查与分析．湖州师范学院学报，2010（1）.

[4] 魏冰，李庶鸿．城乡中小学体育协调发展研究．体育与科学，2010（3）.

表6－3 均衡食谱中三种主要营养成分的比例

1	蛋白质	12%
2	碳水化合物	58%
3	脂肪	30%

2. 食物中的产能营养素

食物中的产能营养素分为蛋白质、碳水化合物和脂肪三类，其每克产能量如下（见表6－4）：

表6－4 食物中产能营养素分类

1	蛋白质	4.1 千卡/克
2	碳水化合物	4.1 千卡/克
3	脂肪	9.3 千卡/克

计算食物中的能量和营养素时，需要注意的是，买来食物后，其不可食用的部分要去除。同样重量的同一种食品，其含水量较大者，提供的能量较小。一种食品（如鸡蛋），其所含营养素一般是指整个食品而言。若分食其一部分（如蛋黄或蛋白），则各自所含的营养素大有不同。如蛋白中没有脂肪，几乎是纯蛋白质；蛋黄中则有核黄素、脂肪、胆固醇、铁、磷等营养素和少量的蛋白质；带骨的肉类则可含大量钙、磷等。

3. 矿物质、维生素和水的重要生理功能及其需求量

人体内共有约占体重4%的22种金属元素，这些物质被称为矿物质（或无机盐）。矿物质的主要作用是调节代谢功能。维生素既不能供能，也不是人体的构成物质，但对

人体机能的正常运行具有不可或缺的重要作用，长期缺乏某种维生素会使人产生相应的严重疾病。矿物质和维生素的日需求量不大，如果我们的食物是多样、均衡的，就可以从中获得必要的种类和数量。

水是人体中比例最大的组成成分，约达 40% ~60%。人体对水的正常日需量约为 2.55 升。食物和氧都必须在水溶液中提供给人体，而人体产生的废物也要通过水这一媒介排出体外。而且，水在调节体温方面也起着十分重要的作用。特别是在热天进行的体育运动，大大增加了人体对水的需求量。剧烈的体育运动，由于大量出汗，人体在失水的同时也失去了一些矿物质和维生素。因此，饮用水中最好相应地含有这些物质，且运动中的补水原则应是少量多次，而不是运动后大量地一次性补水。

4. 羽毛球运动者的饮食

为了维持羽毛球运动中的体能，顺利完成不同技术所要求的动作，必须从平时就注意均衡自己的饮食结构。

（1）日常练习中。

为了从日常练习的疲劳中恢复过来，应多吃米饭、面条、红薯等富含碳水化合物的食物。因为碳水化合物一经摄取，就能转化为能量。类似碳水化合物，糖分摄取与吸收的平衡也很重要，如果能量吸收不了，就会在体内变成脂肪，因此必须注意摄取量与消耗量的均衡。

（2）肌肉训练中的体力消耗。

肌肉训练后，练习者体力消耗过大，必须积极地摄取肉类、鱼类、豆类等食物中的蛋白质作为补充。蛋白质有制造肌肉血液的作用，是增强体力不可缺少的营养素。

（3）脂肪体质的人。

脂肪体质的人，应以大量摄取脂质少的植物性蛋白质为宜，植物性蛋白质虽然总体上比动物性蛋白质低，但最适宜用来控制人体脂肪。合理比例是：男性，脂肪占15%；女性，脂肪占20%。豆浆、豆腐等大豆加工食品是最佳选择。

（4）体脂少的人。

体脂少的人，平时可较多吃肉类、鱼类等食物。动物性蛋白质的营养价值高，富含脂质，可以说是最适合的食品，但注意不要摄取过量。鱼类所含脂质接近植物，因此可以巧妙地进行肉类与鱼类的均衡摄取。

（5）想强化肌肉的人。

对于想强化肌肉的人来说，主要摄取的营养素基本上应以制造肌肉的蛋白质为主，尤其是动物性蛋白质，以易于被消化吸收的牛肉为佳。

三、羽毛球运动与减肥

1. 有氧运动

有氧运动是指人体在氧气充分供应的情况下进行的体育锻炼，即在运动过程中，人体吸入的氧气与需求相等，达到生理上的平衡状态。简单来说，有氧运动是指任何富有韵律性的运动，其运动时间较长（约30分钟或以上），运动强度在中等或中上的程度（最大心率为75%~85%）。

是不是“有氧运动”，衡量的标准是心率。心率保持在150次/分钟的运动量为有氧运动，因为此时血液可以供给心肌足够的氧气。所以说，判断是否为有氧运动的标准不是以运动项目来区分的。有氧运动的特点是强度低，有节奏，持续时间较长。很多时候，每次锻炼的时间要求不得少于1小时，每周坚持3到5次。这种锻炼，能使氧气充分燃烧（即氧化）体内的糖分，还可消耗体内脂肪，增强和改善心肺功能，预防骨质疏松，调节心理和精神状态，因此是健身的主要运动方式。所以说，体重超标的人，如果想通过运动来达到减肥的目的，建议选择有氧运动，像慢跑、太极拳、休闲羽毛球等。

2. 运动减肥效果不佳的原因

运动减肥失败的常见原因主要有以下几种：

（1）没有坚持减肥运动。有的人在刚开始减肥时，感到比较劳累和不习惯，没练多久就想休息几天，这样做不但根本达不到消耗能量的效果，而且也打乱了生活节奏，反而对健康不利。

（2）摄入能量增加。运动会使胃肠运动增强，食欲增大，消化吸收增加。很多人运动后胃口大开，只不过因为坚持锻炼，热量不会积累而已。如果突然停止锻炼，胃口并没有缩小，热量消耗却有所降低，这样体重不但难以下降，甚至可能回升。

运动减肥贵在坚持，并在坚持的过程中培养兴趣，发挥潜能。坚持运动需要两个条件来保证：一是选择合适的运动项目，二是每日的饮食要适当控制。运动项目选择不当，或运动过度，会使身体过早疲倦，甚至可能损伤关节、韧带或骨骼，运动往往因此被迫停止，又何谈“坚持”二字！另外，没有很好地控制饮食，同样会降低减肥的效果。对减肥而言，运动和饮食控制作为密不可分的两大有效手段，缺一不可。运动减肥期间，因代谢旺盛，胃肠运动增强，往往食欲大增，给节食带来一定的困难。但控制饮食是减肥的必由之路，若不控制饮食，减肥效果往往不理想，甚至出现体重上升。所以，回过头来检查一下自己饮食计划的执行情况，找一找漏洞，实属必要。

3. 运动减肥的五大误区

生活中，一些肥胖者总抱怨运动减肥难以取得满意效果。其实，不少人运动减肥失败的原因与其错误观念、做法有关。

误区一：只要多运动，便可达到减肥目的。运动虽能消耗人体内的热量，但仅靠运动，减肥效果并不明显。研究表明，即使每天打数小时羽毛球，但只要多喝一两罐含糖比较丰富的饮料，辛辛苦苦的减肥成果便会化为乌有。因此，要想获得持久的减肥效果，除了从事运动外，还应在饮食方面进行合理调控。

误区二：空腹运动有损健康。饭前1~2小时（即空腹）进行适度运动，如定量步行、跳舞、慢跑、羽毛球、骑自行车等，有助于减肥。这是由于此时体内无新的脂肪酸进入脂肪细胞，较易消耗多余的、特别是产能的褐色脂肪，减肥效果优于饭后运动。但需要控制运动量，使其保持在适宜程度，因为这时热能消耗较少，体内贮存的已足够使用，不会影响健康。需要注意的是，一些低血糖患者或有其他隐形疾病的人是不适宜空腹运动的。

误区三：每次坚持30分钟慢跑即可减肥。慢跑虽可达到有氧锻炼的目的，但减肥效果甚微。实践证明，只有运动持续时间超过40分钟，人体内的脂肪才能被动员起来与糖原一起供能。随着运动时间的延长，脂肪供能的量可达总消耗量的85%。可见，短于40分钟的运动无论强度大小，脂肪消耗均不明显。

误区四：运动减肥有全面或局部的选择。人们在一些减肥广告宣传中常能听到或看到“减腰”、“减臀”、“减腹”等词句。那么，局部运动是否能减少局部脂肪呢？第一，局部运动总体消耗的能量少，易疲劳，不能持久；第二，脂肪供能是由神经和内分泌系统调节控制，但这种调节是全身性的，并非练哪个部位就可以减哪个部位的多余脂肪，而是哪里供血条件好，有利于脂肪消耗，哪里就能减肥。比如，减肥者运动一段时间后，腰围不见小多少，可脸颊却消瘦了，原因即在于运动消耗量大于摄入的热量，导致全身脂肪减少，而不会只减腹部，其他部位不变。

误区五：运动强度越大，运动越剧烈，减肥效果越佳。其实，只有持久的小强度有氧运动才能使人消耗多余的脂肪。这是由于小强度运动时，肌肉主要利用氧化脂肪酸获取能量，使脂肪消耗得快，运动强度再增大，脂肪消耗的比例反而相应减少。

各项运动在单位内每千克体重消耗热量值，如表6－5所示：

表6－5　运动与热量

（单位：大卡/千克体重/小时）

运动项目	热量消耗	运动项目	热量消耗
休息	1～1.2	游泳（随意）	6
园艺	3.7	舞蹈（华尔兹—伦巴）	5.7～7.0
扫地	3.7	走路（散步）	3.1
拖地	3.9	跑步（8公里/小时）	10
排球	3.5～8.0	爬山	10

（续上表）

运动项目	热量消耗	运动项目	热量消耗
棒球	4.7	溜冰	5.0～15
篮球	6.0～9.0	划船	5.0～15
网球	7.0～11.0	跳绳	10.0～15
足球	9.0	羽毛球	5.2～10

4. 正确的减肥方法

美国大学运动医学会（ACSM）提出，要达到全身减肥的目的，每天应该做 30 分钟以上、每分钟心率为 120～160次的中低强度的有氧运动，这恰恰相当于一场低强度的羽毛球单打运动的运动量。

人们总是希望通过短时间、高消耗的运动达到减肥的目标，但很多人经过一段时间的锻炼后，虽然大部分脂肪下的肌肉变得结实了，可是围度却没有什么变化，甚至还有明显增加。出现这种现象时，你就应该好好想一想，你的减肥方法是否正确。一般来讲，运动 30 分钟以上的时间，身体才开始动用脂肪，也就是说每次运动时间至少不能低于 30 分钟；锻炼时身体所消耗的热量比平时要多，所以锻炼结束后会出现饭量大增的现象，如果不注意控制饮食，体重不但不会减轻，反而有增加的可能。[3]

有些人由于工作紧张，锻炼起来“三天打鱼，两天晒网”，其效果可能很小，甚至没有。不能保证每天抽出 40 分钟以上的时间用来锻炼的人，可以将时间分为 4 个不连续的 10 分钟进行锻炼，做到持之以恒，同样可以达到减肥的目的。一些减肥者喜欢在饭后进行锻炼，却不知饭后锻炼会促使新陈代谢处于亢奋状态，从而使过剩的热量转化成脂肪，因此饭后锻炼是不利于减肥的。一部分减肥者喜欢做剧烈运动，应该注意的是，剧烈运动后应该让肌肉及时得到恢复，最好用隔日重复同一锻炼的方法，交替进行锻炼，以达到减肥的目的。最有效的减肥方式应是低强度、长时间的有氧代谢耐力项目，如慢跑、打羽毛球、游泳等，一定要做到持之以恒。但为了身体健康，还要同时注意营养的补充。

5. 吃出苗条来

在节食减肥过程中，可以充分选择食物，但要记住无论什么脂类都应加以限制。如果有需要，可以坚持只吃低脂或无脂的食物数月，一直到获得理想体重为止，然后再计算一下热量，考虑是否可以在减肥饮食中加一点脂肪。采用这种减肥方法数周后，通常就会厌恶吃任何脂类食物，从而自觉减少脂肪的摄入。

减肥者可以选择下列食品，但不宜吃得过多，最好在饥饿时才吃，而且最好是一日 5 ~6 餐而不是一日 3 餐。一旦你不再感到饥饿，就立即停止进食。可供选择的低脂食物有：

（1）肉类：烤煮牛肉、牛肝、羊肉、鸡肉、飞禽类肉。

（2）鱼类及其他海产品：鲤鱼、鲟鱼、比目鱼、蛤肉、蟹肉、虾。

（3）蔬菜：芦笋、茄子、鲜扁豆、莴苣、豌豆、土豆、菠菜、南瓜、西红柿、卷心菜、花椰菜、黄瓜、绿辣椒、胡萝卜、白萝卜。

（4）水果：所有的水果及果汁（新鲜的、罐装的或冰冻的均可）。

(5) 乳制品：脱脂牛奶（鲜奶或奶粉）、人工奶油、家用奶酪。

(6) 面包和谷物等：大米、面包、通心粉、咸苏打饼干、米粉。

(7) 调味品类：蜂蜜、果酱、番茄酱、生姜、芥末、咖啡茶。

综上所述，鉴于羽毛球运动的特点，只要我们控制好运动量、运动强度和饮食营养，在保证练习时间的情况下，完全可以通过打羽毛球来达到健身、减肥的预期效果。

参考文献

[1] 孙伟. 谈羽毛球运动员的营养需求. 社区医学杂志，2010 (23).

[2] 刘金峰，曹钧. 微量元素补剂对人体运动能力及健康的影响. 南京体育学院学报（自然科学版），2006 (3).

[3] 陈吉棣，杨则宜，李可基等. 推荐的中国运动员膳食营养素和食物适宜摄入量. 中国运动医学杂志，2001 (4).

第七章　羽毛球爱好者身体素质训练

一、身体素质及训练方法

羽毛球运动表面上给人的印象是打起来很轻松，不需要花费很大的体力就能打好。其实，打好羽毛球不仅需要花费很大的体力，而且还必须具备良好的身体素质。只要你亲身体验一下，就会得出与之前不同的结论。我们常常看到，一场激烈的比赛中，双方为争夺一分球相互拉锯数十拍，一场比赛时间可能长达 70～80 分钟。这样长时间、大强度的比赛，要求运动员必须具备良好的身体素质，以保证技术和战术得到充分的发挥，取得比赛的胜利。即使对我们非专业的羽毛球爱好者而言，良好的身体素质也是技术进步的基石。

身体素质是人体在运动活动中所表现出来的机体能力，它包括力量、速度、耐力、弹跳力、灵敏性及柔韧性等，这种能力的大小表明素质水平的高低。

羽毛球运动员身体素质训练分一般（全面）身体素质训练和专项身体素质训练。下面简单作一下介绍：

1. 力量练习

力量是指肌肉在紧张或收缩时所表现出来的一种能力。力量素质在体育运动中是首要素质，它与速度、灵敏等素质有着密切的联系。据调查，凡是步法移动快、摆臂挥拍快、击球有力、弹性好及灵敏性好的羽毛球运动员，他们的力量素质都是很好的。

（1）上肢力量练习。

上肢力量练习，简单地说是为了提高挥拍击球的力量和挥拍击球的速度，使出手击球凶狠，给对方以威胁。

上肢力量练习主要包括四个部位，即肩部、大臂、小臂和手腕。

常用的上肢一般力量练习方法：

①持哑铃练习。

• 两臂侧平举。

• 俯立侧平举。

• 两臂交替向上举。

• 正、反握前臂屈伸。

• 手腕屈伸。

②单杠引体向上。

③俯卧撑、指卧撑。

④双杠支撑臂屈伸。

⑤杠铃各种练习。

• 连续向前上方挺举。

• 颈后屈臂向上举。

• 正、反握前臂屈伸。

• 手腕屈伸。

⑥正、反握缠重锤（或者用握力器代替）。

常用的上肢专项力量练习方法：

①挥羽毛球拍。按照羽毛球的各种击球动作，做快速挥拍和用力挥拍练习。

②挥网球拍。模仿羽毛球的各种击球动作，做快速挥拍和用力挥拍练习。

③持哑铃练习，具体方法同上。

（2）下肢力量练习。

羽毛球运动员的负担量主要是在下肢，因此，下肢素质是训练的重点部分。加强下肢力量练习能够给步法的快速移动打下良好的基础。下肢力量练习主要包括四个部位，即骨盆部（盆带肌）、大腿、小腿和足部（踝关节）。[1]

常用的下肢一般力量练习方法：

①侧踢腿。

②悬垂举腿。

③徒手半蹲、深蹲起。

④负重半蹲、深蹲起。

⑤徒手及负重提踵。

⑥跳台阶。利用楼梯的多级台阶做单脚或双脚连续向上跳运动。

⑦蛙式跳。

常用的下肢专项力量练习方法：

①半蹲、深蹲向前、后、左、右蹬跨步。向前蹬跨模仿上网步法，向左右蹬跨模仿接杀球步法和向两侧起跳步法，向后蹬跨模仿后场两底线被动步法（底线平抽球步法）。

②两脚交替前、后、左、右跳。开始先由右脚向前跳，右脚落地后立即向后蹬，左脚接着向后跳，左脚落地后立即向右侧蹬；右脚紧接着向右侧跳，右脚落地后立即再向左侧蹬；左脚接着向左侧跳，如此反复。

③双脚十字蹬跳。双脚并拢，按十字方向做前、后、

左、右蹬跳。

④两边跳。模仿两边起跳突击步法，做向两侧大幅度跳跃动作。

⑤沙坑练习。以上所介绍的各种练习方法都可以在沙坑中进行练习，加强难度和强度。

(3) 腹、背肌力量练习。

腹、背肌力量练习对羽毛球运动员来说是不容忽视的，在运动中各种步法的转体、扣杀动作及上网救球动作，都需要强有力的腹、背肌力量。一般训练方法和专项训练方法基本相同。

常用的腹、背肌力量练习方法：

①徒手或负重仰卧起坐。

②凳上徒手或负重仰卧起坐。

③静力腹肌和背肌。

④徒手或负重俯卧体后屈。

⑤凳上徒手或负重俯卧体后屈。

⑥仰卧折体（两头起）。

⑦凳上仰卧体侧屈。

⑧徒手或负重转体。

2. 速度练习

近几年来，快速进攻的打法已成为世界各国羽毛球运动研究和训练的重点。快速的主要目的是抢时间争取主动权。要想争得主动，适应快速打法的要求，就得提高速度素质。因此，在训练中要重视速度素质的训练。

(1) 一般速度练习。

常用的练习方法：

①快速高抬腿。

②快速跨步跳。

③上坡跑和下坡跑。

④快速跑台阶。

⑤站式快速摆臂和坐式快速摆臂。

⑥快速拉橡皮条摆臂。把两根长度相等的橡皮条（大约1米长）的一端固定，另一端握在手中做快速摆臂。

⑦30米、60米和100米全速跑。

（2）专项速度练习。

专项速度是指在羽毛球场上步法移动（启动和回动）的速度和挥拍击球的速度。羽毛球运动的挥拍速度，主要和击球技术动作的正确性、协调性以及前臂、手腕、手指的快速力量有关。击球技术动作不正确、不协调，必然会影响人体在击球时的发力，挥拍的速度也就会受到很大的影响。所以，进一步纠正和完善自己的技术动作，提高自己的身体协调水平，是提高挥拍速度的首要环节。

其次，要加强快速力量素质的训练，尤其是要提高和发展对羽毛球击球发力至关重要的前臂、手腕和手指的爆发力。

常用的练习方法：

①快速前后往返跑。

②侧身快速左右交叉跑。

③快速前、后、左、右滑步。

④按照指挥者的手势做步法的快速启动和回动。

⑤快速多球的各种击球练习。

⑥快速反复挥羽毛球拍做各种击球动作。

⑦快速拉橡皮条。把一根长约1米的橡皮条的一端固定，另一端握在手中，模仿各种击球动作快速拉拽。

⑧快速打墙壁练习。

⑨快速挥网球拍练习。

⑩快速挥哑铃练习。

3. **速度耐力练习**

速度耐力是指人体保持较长时间内快速运动的能力。

（1）一般速度耐力练习。

常用的练习方法：

①200 米全速跑。

②400 米全速跑。

③800 米全速跑。

④1 500 米全速跑。

⑤3 000 米全速跑。

（2）专项速度耐力练习。

常用的练习方法：

①较长时间的场上快速步法练习（具体根据自身情况决定）。

②较长时间的快速多球练习。

4. **耐力练习**

耐力是指人体长时间进行肌肉活动的能力，它是体力和意志的表现。在一场紧张而激烈的比赛中，在双方的技术水平相当的情况下，就要看谁的体力充沛，体力充沛的一方往往是胜利者。

（1）一般耐力练习。

常用的练习方法：

①3 000 米跑。

②5 000 米跑。

③越野跑。

（2）专项耐力练习。

常用的方法：

①长时间的各种步法练习。

②长时间的多球练习。

5. 弹跳力练习

羽毛球运动员进行弹跳力练习是为了争得空中的高点击球，而争高点击球是为了争取时间，加快进攻的速度。此外，加强弹跳力练习还可以增强场上步法前、后、左、右蹬跳和蹬跨的力量。

（1）一般弹跳力练习。

常用的练习方法：

①原地半蹲或深蹲连续向上跳。

②单脚连续向上跳。

③收腹跳。双脚原地向上跳，跳起后，双膝向上抬并收腹，使双膝触胸。

④原地或行进起跳摸高。

⑤跳绳的各种动作练习（花样练习）。

⑥跳台阶练习（利用多级台阶，单脚或双脚连续向上跳）。

⑦负重练习（以上所介绍的各种练习都可身穿沙衣、腿绑沙袋进行练习）。

（2）专项弹跳力练习。

常用的练习方法：

①两脚交替前、后、左、右蹬跳。

②双脚十字蹬跳。

③两边跳。模仿起跳突击步法的动作。

④向后侧两边跳。按照后退步法的动作要领后退，最后一步做起跳动作练习。

⑤双摇跳绳练习。

⑥负重或沙坑练习（以上所介绍的各种练习都可身穿沙衣、腿绑沙袋进行练习，在沙坑中练习也是个好方法）。

6. 灵敏性、柔韧性和协调性练习

（1）灵敏性练习。

羽毛球运动对运动员的灵敏性要求很高，它要求运动员在激烈的比赛中，对对方的第一举动和意图作出迅速反应，并准确地完成各种难度较大的击球动作。[2] 在判定一个运动员的条件（素质）时，其中一项就是看他（她）的灵敏性。在羽毛球各种技术练习和身体素质练习中，灵敏性练习占有一定的比重。灵敏性练习首先要提高大脑皮质神经过程的灵活性和兴奋性，只有大脑皮质的灵活性和兴奋性高，才能促使运动器官对外界的刺激迅速地作出反应，然后迅速去完成各种动作。

常用的灵敏性练习方法：

①听觉灵敏性练习。

• 听口令变向转体。发令者用不同的数字代表向前、后、左、右转体的方向。受训者当听到代表向左转的数字时，立即向左转；当听到代表向右转的数字时，立即向右转。

• 听口令变向跑。在跑动中，发令员用不同的数字代不同的方向。听到口令后，受训者立即按着数字所代表的方向跑动，连续进行。

• 听口令变速跑。在跑动（慢跑）中，发令员用不同的数字代表快跑和慢跑。受训者听到代表快跑的数字时，立即全速跑。当听到代表慢跑的数字时，立即减速跑，反复进行。[3]

• 听口令步法移动。发令员用不同的数字代表步法移动的不同场区。受训者听到代表反手网前的数字时，立即启动做反手上网步法，然后快速回到中心位置做好下一次移动的准备，当受训者听到代表右后场底线的数字时，马上启动做正手后退步法，然后快速回到中心位置准备下一次移动，连续进行。

②视觉灵敏性练习。

• 按手势指的方向向前、向后跑。指挥者用不同的手势表示向前、向后跑。受训者看到表示向前跑的手势时，快速向前跑；当看到表示向后跑的手势时，立即向后跑。

• 按手势指的方向滑步。指挥者用不同的手势表示向前、后、左、右滑步的方向。受训者看到表示向右滑步的手势时，立即开始移动向右滑步；当看到表示向后滑步的手势时，立即开始向后滑步，以此类推。

• 按指挥者的不同手势做各种步法。具体见步法练习。

• 以上所介绍的听觉灵敏性练习方法和视觉灵敏性练习方法要经常变化所用的数字和手势，以免受训者抓住或习惯于规律，影响训练效果。

③各种灵敏性练习。

综合跑，是指把有利于提高灵敏性的各种跑、各种步法结合在一起进行练习。

• 侧身往返交叉步法移动，具体方法见步法的辅助练习。

• 转体左右往返交叉步法移动，具体方法见步法的辅助练习。

• 行进高抬腿转髋。右腿高抬之后，髋关节向左转动，右腿跨过左腿，紧接着左腿用同样的方式继续高抬腿转髋，再跨过右腿。连续不断向前移动。这种练习方法可称为高抬腿内旋转髋。此外，还有高抬腿外旋转髋，即右腿高抬之后髋关节向外转动，然后向后方跨出，左腿用同样的方式连续进行，向后移动。

• 跳绳的花样练习（单、双摇，前、后摇等）。

• 跳皮盘和踢毽子的各种花样练习。

• 多球练习灵敏性，主要是以练习速度较快、难度较大的击球动作为主。如利用对角球、左右接杀球等动作，提高转体和转髋的灵敏性。

• 其他球类练习。

（2）柔韧性和协调性练习。

在球性练习的过程中要注意结合柔韧性和协调性的练习，因为它们彼此之间有着密切的联系。一名柔韧性较差、各部位关节韧带僵硬的运动员，不可能有高度的灵敏性。大家都知道羽毛球运动是上、下肢同时运动的一个项目，完成各种击球动作需要上下肢的协调配合，配合的好坏直接影响击球动作和击球质量。

常用的练习方法：

①模仿体操项目中的压腿、劈腿动作。

• 正压腿。

• 体前屈伏地。

• 纵劈腿。

②模仿体操项目中的踢腿动作。

• 正踢腿。

• 前后摆腿及左右摆腿。

③各种拉肩、压肩方法。

④垫上前后滚翻及各种动作练习。

⑤跳绳的花样练习。

⑥双手同时拍球练习。两手各持一个球，同时连续拍球；也可一先一后连续拍，或边拍球边向前移动等。

⑦游泳练习。

二、羽毛球运动身体素质训练中应注意的问题

上面介绍了身体各种素质训练和常用的练习方法，在训练中还要注意以下几个问题：

1. 一般身体素质训练和专项身体素质训练的关系

一般身体素质训练可以使各种素质普遍得到提高，素质的提高有利于专项素质的提高，而专项素质的提高是取得优异成绩的关键。所以说，一般身体素质训练是基础，专项素质训练是关键，在训练中要注意把两者很好地结合起来。

2. 羽毛球专项素质的特点

羽毛球专项素质的特点是速度快、力量大、灵敏性强，在训练中，要着重抓住这三点。在上、下肢力量训练中要着重强调提高爆发力的训练。训练爆发力要以较轻量的负重练习为主，做动作要快速，即动力性练习方法。如上肢做快速挥羽毛球拍、网球拍及哑铃练习，下肢做身穿沙衣、腿绑沙袋快速高抬腿、向上跳、跳绳及场上的各种步法练习等。强调重点抓速度、力量及灵敏性训练，不等于其他的素质训练就可以忽略。前面已谈到素质之间的相互关系，

在此不再赘述。

3. 根据自身条件安排训练和选择练习方法

前面所讲的各种素质的常用练习方法主要是就青少年而谈的，没有对年龄、性别做详细分类。因此，在进行训练时，要根据自己的身体条件（素质水平的高低）和训练条件（器械、场地）来安排自己的训练和选择练习的方法，做到训练有目的性、计划性，运动量和运动强度要循序渐进。

4. “木桶原理”在羽毛球运动中的运用

一个木桶，即使其他木块都很长，但只要有一块木板较短或有漏洞，它还是盛不了更多的水。这个原理是要让大家明白，要全面发展运动员的身体素质，不能让其有一处短缺；同时我们还要用逆向思维的方式去思考：一个运动员哪怕在其他方面都表现平平，但只要有一方面突出，那么，很可能就会带动影响其他各方面，从而成为制胜的关键。

5. 羽毛球身体训练应围绕羽毛球专项特点来进行

力量是身体素质的基础，羽毛球运动虽不是强调发展绝对的力量，但运动员应在具备一定绝对力量的基础上发展速度力量和耐力，保证比赛所需要的较强动作发力和长时间的奔跑、蹬、跳、跨以及上肢的连续击球动作。发展速度素质是羽毛球运动训练的核心，它应着重加强反应速度、动作速度（动作频率）和急停、变向、变速的移动速度训练。随着技术水平的不断提高，拍数增多，比赛时间增长，运动员需要承受在50~90分钟时间内激烈活动的体力要求，速度耐力对羽毛球项目的意义越显重要，其供能形式主要为无氧供能，其中非乳酸型无氧供能占主要地位，并有适当的乳酸型无氧供能。

6. 身体素质的重要性

羽毛球身体素质是羽毛球运动训练的重要组成部分，是提高技术、战术的基础。良好的身体素质是运动员承担大负荷训练和激烈比赛的基础。身体训练的过程也是培养运动员坚韧意志品质的过程，科学的身体素质训练方法对延长运动员寿命，防止受伤，增强身体机能，全面增强羽毛球运动员的身体素质具有重要意义。

参考文献

[1] 赵丰超. 羽毛球运动员的身体素质训练探讨. 科技信息，2010 (9X).

[2] 李扬，洪剑. 羽毛球运动员专项速度训练方法的初步研究. 内江科技，2011 (8).

[3] 李诚志. 教练员训练指南. 北京：人民体育出版社，1992.

第八章　羽毛球运动常见伤病、处理及预防

一、羽毛球运动常见伤病及处理

羽毛球运动的损伤发生率在各体育项目中相对来说是比较低的，这也是人们喜爱这一运动的原因之一。但是对于羽毛球运动的初学者和长期从事羽毛球运动的运动员来说，如果不注意掌握正确的击球技术，没有做好充分的准备活动，长期训练导致过度疲劳，或者由于相应装备欠缺，都会造成一些急性或慢性损伤。

羽毛球运动的损伤以下肢各部位的损伤为主，其次是上肢各部位损伤与躯干部位损伤。在下肢损伤中，以膝关节部位损伤最为多见，其次是踝关节部位损伤，再次是足部损伤、小腿与大腿损伤；在上肢损伤中，以肩部损伤最为多见，其次是肘关节部位损伤；躯干部位损伤则主要集中在腰部和骶部。从损伤的组织结构和损伤的病例种类来看，羽毛球运动的损伤绝大部分属于软组织损伤，它主要涉及的软组织为肌肉、筋膜、肌腱、腱鞘、关节囊与韧带等，软骨损伤也并不罕见，而关于骨组织本身与内脏器官的损伤则极为少见。下面介绍几种常见的羽毛球运动损伤及处理。

1. **擦伤**

擦伤是羽毛球运动中较为常见的一种皮肤开放性损伤。皮肤受外力摩擦所造成的皮肤破损即为擦伤，它多是运动员摔倒后皮肤与地面摩擦所致。由于擦伤是一种开放性损伤，其特点是有血液（多为毛细血管出血）或组织液渗出伤口，若处理不当，容易引起感染。因此，止血与保护伤口是处理中的要点。

小面积的、浅层的、清洁面无异物的皮肤擦伤，最好是用生理盐水冲洗消毒后，局部涂抹2%的红药水。擦伤最好不要暴露治疗，否则容易使伤口干裂而影响运动。对于有异物（如沙屑、泥土等）嵌入皮肤或大面积的擦伤，极易发炎和感染，要用生理盐水彻底冲洗伤口，将污物清除，再用凡士林油纱布覆盖伤口，并以绷带加压包扎。污染严重的伤口，必须由医生进行清创手术，施用抗菌药物和注射破伤风抗毒血清。

2. **足底皮下水泡**

在羽毛球运动中，由于在垫步、蹬步、跨步移动、制动过程中，足底皮肤与鞋底或地面反复摩擦，致使表皮与真皮局部分离，组织液积聚，从而引起皮下水泡。其发生与足部皮肤娇嫩、技术动作不合理、鞋袜质量不佳或不合脚、运动场地不良等因素有关。处理时应注意无菌操作，以免感染或发炎。可先用浓度75%的酒精做局部消毒，然后用消毒针抽吸局部积液，并用消毒纱布覆盖后加压包扎。[1]如果水泡破损，则应按照擦伤处理。练习前先用温水洗脚；练习中如感觉足底皮肤疼痛，发现皮肤发红，应暂停练习步法；练习后可用热水烫洗脚、擦干、涂上甘油或皮肤柔韧性保护剂等，这对预防足底起泡有一定帮助。

3. **肌肉拉伤**

在力的直接或间接作用下，肌肉主动收缩或被动拉长并超出其所能承担的能力，就会引起肌肉拉伤。在羽毛球运动中，最常见的是大腿后肌群（即股二头肌与半腱肌、半膜肌）和肘内侧肌群（即屈腕屈指肌群）拉伤，其次是大腿内收肌群、腰背肌、肩袖肌等拉伤，有时三角肌、足底肌、小腿三头肌或跖肌也会拉伤。肌肉拉伤，轻者仅有少许肌纤维撕裂或肌膜破裂，重者可造成肌肉大部分或完全断裂。

运动员受伤后大多可以回忆起受伤的动作和受伤过程，伤后即感到受伤肌肉局部疼痛，出现肿胀，损伤肢体活动。局部检查可发现肌肉发紧或僵硬，损伤处有压痛，令患者做肌肉主动收缩或被动牵伸动作时，疼痛更明显。严重的肌肉拉伤往往肿胀明显，出现皮下淤血，肢体运动障碍严重。如发生肌肉断裂，损伤发生时运动员能感到或听到断裂声，在肌肉断裂部可摸到凹陷或出现一段异常膨大或出现“双驼峰”畸形。

这种损伤一般没有出血现象，受伤后应立即冷敷处理（用冷水冲洗、冰袋冷敷），条件允许的话可用相应的中草药冷敷。轻度拉伤可在 24 小时后开始理疗和按摩，肌肉大部分或完全断裂的重度拉伤者应立即去医院及时缝合。

4. **关节韧带扭伤**

在外力的作用（一般为间接外力）下，关节发生超常范围的活动，以致造成关节囊韧带的损伤，可称为关节韧带扭伤。在羽毛球运动中，最易发生踝关节扭伤，主要伤及外侧副韧带；其次是膝关节、足部跖股、跖趾关节的扭伤；而肘关节内侧副韧带扭伤、脊柱椎间小关节扭伤，亦时而可见。

运动员受伤后可叙述出受伤过程和受伤动作，伤后感觉局部剧痛，并出现肿胀、皮下淤血。若伤及关节囊滑膜层，则整个关节可出现肿胀，关节功能障碍，局部压痛，牵拉受伤韧带时疼痛加重。如韧带断裂，则可有关节松动、被拉开感、关节间隙增宽或超范围的异常活动感。[2]

如果患者诉说关节内有“卡住”感，则应考虑到关节内其他组织可能合并损伤；若检查时发现骨骼部分有压痛或挤压、叩击痛，则应考虑到可能合并发生骨折（需用X光检查确诊）。

受伤后应立即给局部冰敷、加压包扎、适当制动和抬高伤肢，以减少出血和缓解肿胀。局部可敷止血、消肿的中草药。疼痛剧烈、损伤较重者可以口服止痛片或云南白药、三七片、七里散等，24～48小时后进行局部按摩或理疗。在制动固定时，应使关节受损伤韧带处于稍松弛的状态，如韧带疑有断裂者，应及早送医院确诊，以便尽早予以缝合；关节肿胀明显者，最好由医生进行关节穿刺，抽吸积液，并于关节内注射一些能减轻损伤炎症的药物（如肾上腺皮质激素类药物），以减少关节粘连。

一般单纯的下肢关节韧带扭伤，伤后在粘膏支持带或其他固定术后即可着地行走或扶拐行走；严重的关节韧带损伤，则必须在对伤处固定的情况下，才可以进行适宜的活动。当关节肿胀与疼痛减轻后，在疼痛不加重的原则下应及时、积极地进行肢体功能康复锻炼，以防肌肉萎缩和关节或组织粘连。

5. 肱二头肌长头肌腱腱鞘炎

肱二头肌长头肌腱是人体内唯一一根在关节腔内行走的肌腱，该肌腱有关节囊的滑膜保护着，并延伸到结节间沟，形成一条狭长的肌腱腱鞘。羽毛球运动员在大力扣杀或反手后场发力击球时，如果肩关节进行超范围的转肩活动或臂上举时突然过度拉伸，使该肌腱在结节间沟中受到滑动摩擦或抽动牵扯，则会引发肱二头肌长头肌腱腱鞘炎；且肱二头肌腱在盂肱关节活动时会伴随滑动，由于腱鞘狭窄、结节间沟表面粗糙，所以也很容易受到磨损而引起腱鞘炎，因而在羽毛球运动中以慢性损伤最为多见。

受伤后肩部不适或疼痛，多表现为肩前疼痛，有时会向三角肌部放射，重症患者有时咳嗽、提物时会出现肩痛。慢性或劳损病例往往仅在做臂外上举并向后做肩后伸、后弓动作时才出现疼痛，关节活动功能出现一定受限，但肿胀多不明显。检查时，在结节间沟部和肱二头肌腱会出现局限性压痛，肱二头肌抗阻力试验阳性—压肘并前臂旋后位经以克服阻力的肌收缩，会出现肩前疼痛。

急性损伤后，应停止活动并将上肢用三角巾悬吊休息。急性期过去后，可在上肢松弛位进行肩部活动，如弯腰、垂臂等，做肩关节各方与四环运动、局部理疗、按摩、针灸，或往腱鞘内注射肾上腺皮质激素类药物，这些均能取得良好效果。

对肱二头肌长肌腱腱鞘炎的预防，应注意加强肩部肌力训练和肩关节的柔韧性练习。训练前要充分做好准备活动，比赛或训练中时刻注意相关部位的自我感觉，并注意合理安排局部负担量；训练后做好肩部放松与整理活动。

6. 肌肉痉挛

肌肉痉挛，俗称“抽筋”，是由肌肉不自主地强直收缩所致。运动中最易发生痉挛的肌肉为小腿三头肌，其次是足底的屈拇肌和屈趾肌。

产生肌肉痉挛的原因有：肌肉受寒冷刺激，兴奋性增高；长时间参加剧烈运动，身体大量排汗，大量电解质的丢失使肌肉兴奋性增高；运动中肌肉过快地连续收缩，放松时间短，使收缩与放松不能协调交替；局部肌肉过度疲劳，在做一些突然紧张的动作时亦可能发生。

运动员出现肌肉痉挛后，用力牵拉痉挛的肌肉，一般可使之缓解，牵引时用力宜缓，不可用暴力。此外，还可配合局部按摩，重力按压、揉捏和点捏委中、承山、涌泉等穴位，在处理时要注意保暖以促进缓解。手掌抽筋时，用另一手掌将抽筋的手用力向下按压，并做震颤动作，直到恢复。上臂抽筋时，握拳并尽量屈肘关节，然后用力伸直，反复几次，直至恢复为止。此外，抽筋时，用手指重按鼻唇沟上 1/3 处的人中穴，效果也很好。

7. 手腕受伤

打羽毛球时，很多时候都是手腕使力。如果方法不正确，就很有可能造成手腕扭伤。那么，打羽毛球时手腕扭伤如何急救呢？在羽毛球运动中，手腕关节损伤是较容易出现的损伤。由于羽毛球的技术要求，无论是击打、扣杀，还是吊、挑、推、扑、勾球，都要求手腕有基本的后伸、外展动作，然后随着不同的技术要领手腕快速伸直、闪动、鞭打击球或手腕由后伸、外展到内收、内旋闪动切击球，手腕在这种快速的后伸、鞭打动作中，还要不断做出不同角度内、外旋及屈收动作。因此，手腕部的薄弱环节三角软骨盘不断受到旋转碾挤造成损伤。

手腕受伤后，应停止运动，进行冷敷或加压固定，并根据伤情做进一步处理，在伤势没有彻底恢复前，受伤位置不应做相应的大幅度、大强度的活动。

二、羽毛球运动常见伤病的预防

1. 对肌肉拉伤的预防

（1）应加强肌肉力量和伸展性练习，提高肌肉抗伤能力。

（2）做伸展练习时，要循序渐进，不能操之过急，运动前一定要充分做好准备活动，注意气候变化和临场情况。

（3）注意观察肌肉的反应，有肌肉拉伤的预感时，如感觉肌肉发僵、酸痛、有摩擦感、“怕拉伤感”，就不要再勉强进行训练或比赛。

2. 对关节韧带扭伤的预防

（1）加强关节周围有关肌群的力量与韧带的柔韧性练习，以提高关节的稳定性和活动度。

（2）充分做好准备活动，提高专项准备活动的质量。

（3）掌握正确的技术动作，及时纠正错误动作，养成正确的发力习惯。

3. 对肌肉痉挛的预防

（1）要提高身体的耐寒能力和肌肉持续运动的耐久力。

（2）运动前要做好准备活动，对容易抽筋的部位事先应做适当按摩。

（3）冬季注意保暖，夏季长时间运动要注意补充盐分，疲劳和饥饿时不宜进行剧烈活动[3]。

4. 对手腕损伤的预防

（1）运动时带上护腕或用弹力绷带加固。

（2）可用小哑铃或沙瓶负重做腕部练习，增加腕部力量。次数与重量视个人情况掌握，以每次练习出现臂酸胀为止。

（3）加重球拍的重量绕“8”字练习，以加强、改善腕部的肌肉活动能力。

（4）也可用砖头代替重物练习，同时还可以增强手指力量。

5. 提高预防羽毛球运动损伤与其他意外伤害的意识

加深羽毛球练习者对运动损伤相关知识的了解，提高运动者的自我保护意识，对运动损伤的预防和伤后处置具有重要的现实意义，同时更能激发其参与运动的兴趣，从而提高运动技术水平并延长运动寿命。要在平时的练习过程中注意以下方面：

（1）竞技状态不良，身体不适。由于过度练习，疲劳未完全消除或伤病后过早参加练习、比赛，球员生理机能相对较低，动作的协调性明显下降，注意力降低，机体反应迟钝或心情紧张。在这种情况下，不仅可能加重旧伤，还可能引起新伤。

（2）未掌握好准备活动的时间。如果准备活动时间距离正式练习或比赛的时间过长，那么当进行正式练习或比赛时，准备活动的作用已经消失，等于缺乏准备活动而易受伤。

（3）练习应该遵守教学原则，有节奏、有系统地进行。不按循序渐进与系统训练的原则，急于求成，过早做高难度动作，难免因动作错误而造成损伤。特别是在有伤或疲劳的情况下，过早参加练习或比赛，不仅容易引发新的损伤，而且很可能使旧伤加重。

（4）对预防运动创伤的重要性认识不够，不顾客观条件，心血来潮就盲目地或冒失地进行运动。缺乏有关运动损伤的知识，不注意练习后的放松活动等。

（5）场地设备不良，如光线不好，气象条件差，场地不平、湿滑等，这些不良的客观条件也容易造成运动损伤的发生。

（6）打羽毛球除了要注意运动损伤外，还应注意突如其来的意外伤害。常见的意外伤害包括身体遭受的攻击、跌倒及滑倒。跌倒及滑倒的问题与场地、球鞋等因素有关。身体遭受的攻击不外乎来自球或球拍，尤其双打时，队友前球处理不好，你又恰好站在前排，此时对手近距离扑杀下来的球力道可观，你就有可能成为肉靶，被打到身体，更甚者被击到眼睛。若碰到对手一时手滑或球杆断掉这些“天灾”，就算打到身体也难以承受。所以在双打时，一旦站在前排，要记得将拍子举起，拍面朝外靠紧眉旁，即使遇到意外状况也不会伤到眼睛，说不定还能将必死的球给挡回去。因此，防守中做好预备动作与自我保护措施，便能降低意外伤害的发生。

参考文献

［1］贺泽江．羽毛球运动损伤的调查与分析．湖北民

族学院学报（自然科学版），2005（2）．

［2］余长青，石鸿冰．羽毛球运动所引起常见的运动损伤及预防方法．北京体育大学学报，2007（S1）．

［3］邓树勋等．现代大学体育理论与实践．广州：广东高等教育出版社，2010．

第九章　羽毛球比赛

一、羽毛球比赛规则与裁判

1. 羽毛球场地

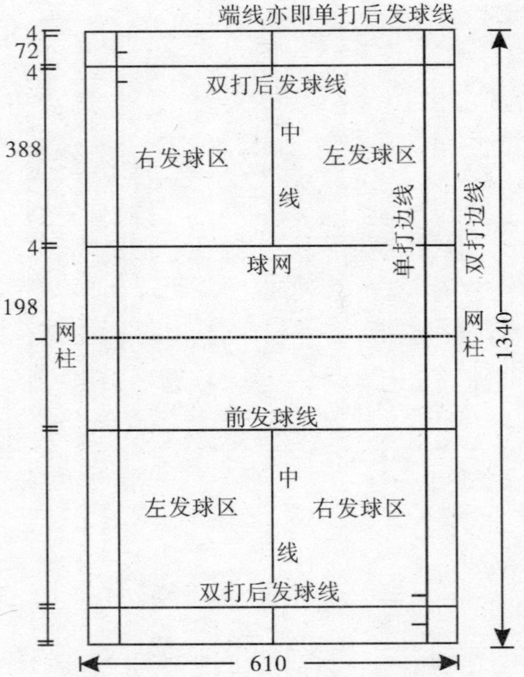

图 9－1　羽毛球场地图

（1）场地介绍。

羽毛球场呈长方形，长度是 13.40 米，单打球场宽 5.18 米，双打球场宽 6.10 米。球场外面两条边线是双打场地边线，里面的两条边线是单打场地边线。双打边线与单打边线相距 0.64 米。距离球网 1.98 米与网平行的两条线为前发球线；离端线 0.76 米且与端线平行的两条线为双打后发球线；前发球线中点与端线中点连起来的一条线叫中线，把场地分为左、右发球区。各条线宽度均为 4 厘米，整个场地的丈量应从线的外沿计算。一般球场上空 9 米以内，四周 2 米以内不得有任何障碍物；重大赛事场地上空 12 米以内，四周 4 米以内不应有障碍物（包括相邻的球场）。[1]

为了避免风的干扰，大型的、重要的羽毛球比赛一般都在室内进行。为给比赛创造一个适宜的环境，比赛馆内应具备一些特别的条件，添置一些必需的设备。理想的比赛场地应采用化学合成材料铺设，当然，在基层的各级比赛中，也可以在木板地面、水泥地或三合土地面上进行比赛。不论什么质地的场地，都必须保证运动员在比赛中不能感到太滑或太黏，还要求具有一定的弹性。

（2）球网。

场地中间张挂的球网是深色的，用优质的细绳织成，网孔为方形，各边长均在 15～20 毫米之间，网上下宽为 760 毫米。网的顶端用 75 毫米宽的白布对折而成，用绳索或钢丝从夹层中穿过，白布的上沿必须紧贴绳索或钢丝；绳索或钢丝也必须有足够的长度和强度，能牢固地拉紧并与网柱的顶端持平，球网的两端必须与网柱系紧，它们之间不应有空隙。

（3）网柱。

从球场地面起，网柱高1.55米，必须稳固，并与地面垂直。网柱应使球网保持拉紧状态，双打场地网柱应放置在双打边线的中点上，单打场地网柱应放置在单打边线的中点上。在双打球场上，无论进行的是双打还是单打比赛，网柱或代表网柱的条状物，均应置于双打边线上。若不能设置网柱，必须采用其他办法标出边线通过网下的位置，如可以使用细柱和40毫米的条状物固定在边线上，垂直向上到网顶绳索处。

（4）灯光。

比赛应在场地四周比较暗的环境中进行，因此，赛场上空的灯光至关重要。一般灯光的设计和布局有两种方法：一种是白炽灯泡，安装在每一球场的两侧网柱的上空；另一种是荧光灯，挂在与球场边线平行且长度一样的地方。为避免自然光线干扰，场馆内应挂上窗帘，场地上的照度要求达到500~750勒克斯。

2. 比赛规则

每一次打羽毛球都要遵守规则，用挑边器或是羽毛球来进行挑边，挑边获胜方将在下列选项中作出选择：

- 先发球或先接发球。
- 在一个场区或另一个场区开始比赛。
- 输的一方在余下的一项中选择。

比赛采用每球得分制，胜一分者发球。发球时，发球方站在发球区域，接发球方站在接发球区域；球必须发对角线；双数分从右半场发，单数分从左半场发。

羽毛球比赛的规则重点有以下几个方面：

（1）计分。

一场比赛一般以三局两胜定胜负，除非另有商定，先得21分的一方胜一局。一回合中的赢方，其分数加1分；一方在其对方“违例”或球触及对方场区的地面而成为死球时赢得该回合。如果比分为20比20，则首先领先2分的一方胜该局；如果比分为29比29，则赢得第30分的一方胜该局。一局的获胜方在下一局首先发球。[2]

（2）单循环名次的确定。

①按获胜场数定名次，多者名次列前。

②如两队（人）获胜场数相等，则两者比赛的胜者名次列前。

③如三队（人）或三队（人）以上获胜场数相等，则按在该组比赛的净胜局数定名次，多者列前。

④计算净胜局数后，如还剩两队（人）净胜局数相等，则两者间比赛的胜者名次列前。

⑤计算净胜局数后，还剩三队（人）或三队（人）以上净胜局数相等，则按在该组比赛的净胜分数定名次。

⑥计算净胜分数后，还剩两队（人）净胜分数相等，则两者间比赛的胜者名次列前。

⑦团体赛按以上办法，依胜次、场数、局数、分数顺序计算成绩。

（3）合法发球。

①发球时任何一方都不允许非法延误发球。

②发球员和接发球员脚不能踩线。

③发球员与接发球员的两脚都必须有一部分与场地地面接触，不得移动。

④发球员击球瞬间，整个球应低于发球员的腰部（以防过腰违例）。

⑤发球员在击中球瞬间，拍杆应指向下方（以防过手违例）。

⑥发球员必须连续向前挥拍，直至将球发出。

⑦双打比赛，发球员或接发球员的同伴站位不限，但不得阻挡对方发球员或接发球员的视线。

（4）交换场区。

第一局结束、第三局（如有）开始前、在第三局中有一方首先到达 11 分时，以上三种情况应该交换场区（为了体现比赛的公平性）。

（5）违例。

①发球时球挂在网上。

②发球时，接发球员的同伴接球。

③对打中球落在场地界线外。

④球从网孔或网下穿过。

⑤球未从网上方越过。

⑥球触及天花板或四周墙壁。

⑦球触及运动员的身体或衣服。

⑧球触及场地外其他物体或人。

⑨球停滞在球拍上，紧接着被拖带抛出。

⑩同一运动员连续两次击中球或者同一方两名运动员连续击中球。

⑪在比赛进行的活球期，运动员的球拍、身体或衣服触及球网或球网的支撑物。

⑫在比赛进行的活球期，运动员的球拍或身体从网上或网下侵入对方场区。

⑬比赛中故意分散对方注意力的任何举动。

（6）重发球。

“重发球”时，该次发球无效，原发球运动员重新发球。以下情况视为“重发球”：

①发球员在接发球员做好准备前发球。

②在发球过程中，发球员和接发球员都被判违例。

③对打中，球挂在网顶或停在网顶。

④对打中，球过网后挂在网上。

⑤比赛中，球托与球的其他部分完全分离。

⑥司线员未能看清，裁判员也不能作出裁决时。

⑦遇到不能预见或意外的情况。

（7）羽毛球比赛规则之发球区错误。

①以下情况为发球区错误：

• 发球顺序错误；

• 从错误的发球区发球；

• 在错误的发球区准备接发球，且球已发出。

②发球区错误的处理：

• 如果因发球区错误而重发球，则该回合无效，纠正错误重发球。

• 如果发球区错误未被纠正，比赛也应继续进行，并且不改变运动员的新发球区和新发球顺序。

（8）羽毛球比赛规则之死球。

下列情况视为死球：

①球撞网并挂在网上，或停在网顶。

②球撞网或网柱后在击球者这一方落向地面。

③球触及地面。

④违例或重发球已被宣报。

（9）裁判的手势。

①发球时脚违例（如图 9－2）。

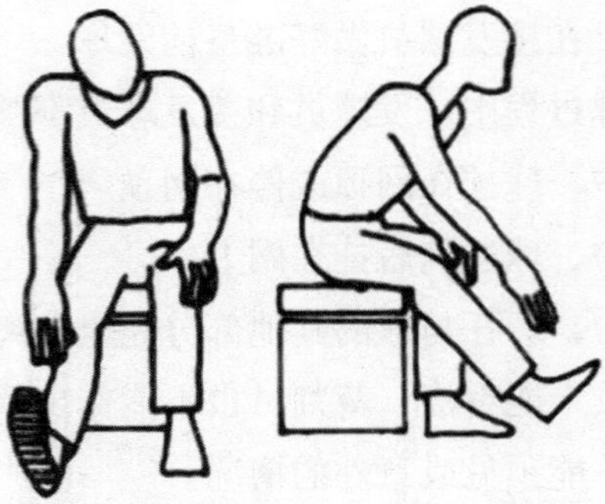

图 9－2　发球击出前，脚不在发球区内、触线或移动

②发球时，最初击球点不在球托（如图 9－3）。

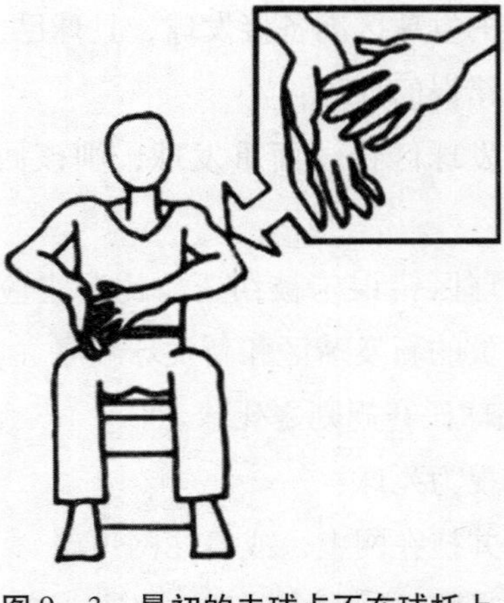

图 9－3　最初的击球点不在球托上

③发球、击球瞬间球过腰（如图9－4）。

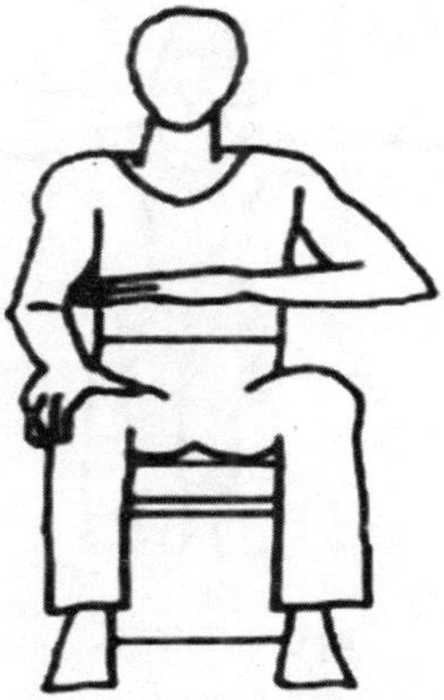

图9－4　羽毛球过腰

④发球、击球瞬间拍杆未指向下方（如图9－5）。

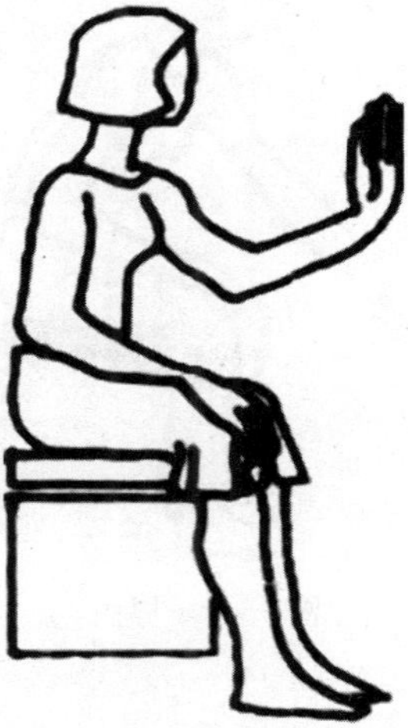

图9－5　发球过手

⑤界外（如图9－6）。

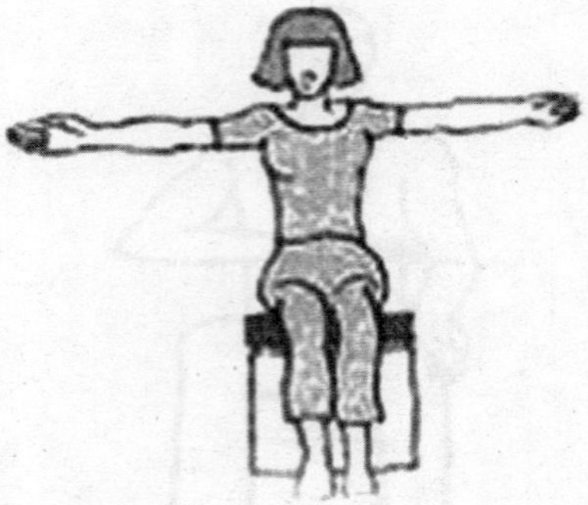

图9－6　界外

⑥界内（如图9－7）。

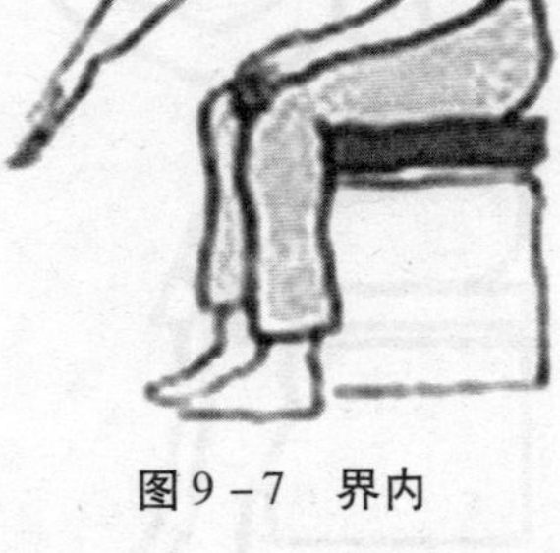

图9－7　界内

⑦视线被挡（如图9－8）。

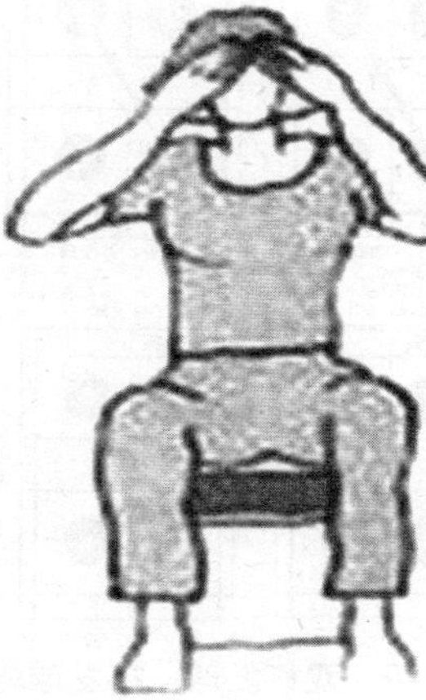

图9－8　视线被挡

（10）双打发球、接发球轮换。

在正式比赛的过程中，双打比赛的发球、接发球与轮换方式经常成为困扰羽毛球爱好者的一大难题。简单的文字描述很难形象地说明问题，下面就以文字与图片相结合的形式，详细地描述这一环节，见下面第一到第八步各图（图9－9）。

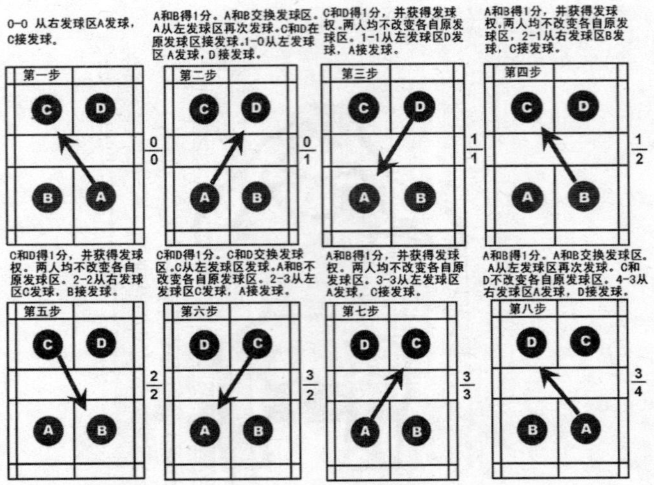

图 9－9　双打发球、接发球轮换

上图 A 和 B 对 C 和 D 的双打比赛中，A 和 B 赢了挑边并选择了发球，A 发球 C 接发球，A 为首先发球员，而 C 则为首先接发球员。发球员的顺序与单打中的顺序一样，即以分数的单数或双数来决定，只有发球方在得分时才交换发球区。除此以外，运动员继续站在上一回合的各自发球区不变，以此保证发球员的交替。

（11）比赛连续性、行为不端及处罚。

①比赛自第一次发球开始至该场比赛结束应是连续的。

②每局比赛，当一方先得 11 分时，允许有不超过 60 秒的间歇。

③所有比赛中，每局之间允许有不超过 120 秒的间歇。

④遇到不是运动员所能控制的情况时，裁判员可根据需要暂停比赛。

⑤如果比赛暂停，已得比分有效，续赛时由该比分

算起。

⑥不允许运动员为恢复体力、喘息或接受指导而延误比赛。

⑦裁判员是“延误比赛”的唯一裁决者。

⑧运动员不得故意延误或中断比赛。

⑨不允许故意改变或损坏球，以此影响球的速度或飞行。

⑩对于违反规则的运动员，应予以警告。

⑪对已被警告过的一方判违例。同一方如此违例两次则被视为“屡犯”。

⑫对严重违犯、屡犯的一方判违例，并立即报告裁判长。裁判长有权取消其该场比赛资格。

二、羽毛球赛场礼仪

1. 参赛球员礼仪

（1）尊重球场上的一切人与物。

这是打羽毛球者最起码的行为准则，它既包括尊重对手、观众、工作人员和服务人员，也包括尊重球网、网柱、球拍、球等相关器材。球员品行的优劣是烘托球场气氛的一个重要因素，也是球员个人形象的一个重要组成部分。如果球员行为粗鲁，不懂得尊重他人、他物，那么再高明的球技也不会带给他完美无缺的赞誉。

（2）当球掉入邻场。

当你的球掉入邻场，而邻场的球员正在练球时，此时你若贸然入场捡球显然是非常不礼貌也是很不安全的，可以稍等一下，待其结束击球后再快步入场捡球或请其帮忙将球传出来。当球场有球员正在进行比赛时，其他人不可以进入比赛场区内捡球，并且也要尽量避免在球员视线范围内随意走动，否则不仅不礼貌而且还会被认为是“意外阻碍”而影响比赛的正常进行。如果一定要穿越球场，可先站于一旁观看，等球成“死球”后再从场边快步通过。

（3）练球时的礼仪。

发球时最好先看一看对方是否已做好了接球的准备，不要连看都不看一眼就把球发出去。如果在练球时这样做，会被认为是对对方的不尊重，也极有可能导致“误击事件”的发生；如果在正式比赛中，则可能要被判发球无效、重发球。练球时应主动承担起为对方司线的责任，告诉对方他打过来的球是“In”、“Out”，还是压线。

2. 观赛礼仪

羽毛球是对声、光、色彩乃至室内空气条件要求最严格的球类项目之一，任何一方面不理想都会对比赛和运动员产生负面影响。这就要求在观看羽毛球比赛的过程中，要相对保持安静，不要随意发出响声，场地背景要相对较暗等。因此，在羽毛球赛场中对观赛者应该有一套行之有效的普遍的约束机制，以保证比赛的正常进行。羽毛球赛场观赛礼仪就是其中一项重要的约束规范，主要内容如下：

（1）观赛者应在赛前至少5分钟入座，观看比赛时不应吸烟。若有贵宾观看比赛，应礼貌地鼓掌表示欢迎。

（2）颁奖奏获奖队国歌时，观赛者应肃立，不应谈笑或做其他事情。

（3）比赛中，观赛者应尽量不要从座位上站起来，更不要随意在看台上来回走动。

（4）赛中，观赛者应适时为双方运动员鼓励加油。对精彩的表演可当场报以热烈的掌声和喝彩，不应喝倒彩或者起哄。这是对观众一个较高层次的要求，即在适当的时刻有节制地为主队选手呐喊助威。选手在比赛中一般都处于一种全力以赴的状态，很担心受到外界的干扰。并且，一般来说，主场观众那种似火的热情还会让他们有一种盛情难却的压力。因此，什么时候喊加油，什么时候停止加油，都是比较讲究的。

（5）观赛者要遵守赛场规定。

（6）观赛者不应提前退场。

（7）比赛结束时，观赛者应热烈鼓掌。

（8）观赛者的服饰应得体大方。

（9）观赛者不得使用粗鲁的、不文明的、带有敌意的、攻击性的或侮辱性的语言刺激球员。

（10）观赛者在观看比赛时不得燃放烟火，不得向场内抛掷物品。

（11）观赛者不得破坏公物，不得做不文明手势。

（12）同其他很多体育项目相似，观众在观看羽毛球比赛的时候，拍照不要使用闪光灯。这是因为在球员发球时，瞬间的刺激会干扰到选手，分散选手的注意力。

（13）观赛时应将手机关机或设置成振动、静音状态。

（14）观赛者不得将锣鼓、乐器等响器带入比赛场内。

3. 羽毛球运动欣赏

（1）技术欣赏。

在不到80平方米的场地上，运动员通过上手、平手、下手、左侧、右侧、前场、后场的移动击打来球，展现出手法的细腻、步法的灵活、顺境时的坚守、逆境时的冒险与突破；双方在比赛中所表现出的坚强斗志、豁达的作风和优美的造型都极具观赏性。特别是在比赛中凌厉的攻势、严密的防守、化腐朽为神奇的救球与高潮迭起的氛围令比赛扣人心弦，充分展示了力与美的结合。

（2）身体素质欣赏。

羽毛球运动是一项室内有网运动，既有单打独斗的体现，又有双打默契配合的展示。与对手斗智斗勇的对抗过程，也是人们的智商、灵活、机智、潇洒、韧性、耐性、协调性等身体综合素质充分展示的过程。

（3）战术欣赏。

在羽毛球运动中，人们通过进攻与防守控制与反控制，不仅要斗勇，更要斗智，这对个人的心理素质也是一种锤炼和考验。在充分发挥技术水平的同时，还要加强思维活动能力，揣摩对方的战术意图，选择适宜的策略并抓住战机，进而取得比赛的胜利。紧张激烈的竞争，使人思维敏捷，提高了进取精神，增强了心理素质。

（4）意志品质欣赏。

竞技羽毛球比赛所具有的竞争性、对抗性、大强度等诸多因素的要求，使意志品质在该项运动中占有非常重要的地位。羽毛球比赛经常遇到运动员出现“极点”的情况，如喘不上来气、身体无力、眼前发黑、感觉自己再也坚持不下去了等。这种现象不只是一方会出现，在势均力敌的情况下往往是双方先后都会出现，甚至几乎是同时出现（如一个球打了很多回合），这时就要看谁能再坚持一下，胜利往往存在于再坚持一下的信念之中。那么，靠什么去坚持？当然要靠顽强的意志品质和坚定的取胜信念。即使不在比赛中，羽毛球爱好者参与这项活动也需要较强的意志，克服惰性，才能很好地完成健身练习。

（5）高尚品质欣赏。

比赛的胜负并不是羽毛球竞技的全部，还应包括运动员对裁判的尊重、对对手的尊重、对球迷的尊重、对赛场工作人员的尊重、对教练的尊重。在赛场发挥出较高的水平，展现出良好的情操与意志品质，为观众奉献精彩的比赛，进而取得比赛的胜利，当然也是对自己艰苦训练的认可，是对关心、爱护、支持、培养自己的人的回报。在赛场上展现出“运动家”的风采，也就获得了所有人的尊重与欣赏。

三、羽毛球重大赛事及其由来

1. 奥运会羽毛球比赛

世界上重要的羽毛球大赛中，奥运会的比赛可以算是最重要的，也代表了当今各国羽毛球运动的最高水平。羽毛球运动进入奥运会比赛的时间比较晚。1988 年，羽毛球被列为汉城奥运会的表演项目，并取得了成功。在 1992 年巴塞罗那奥运会上，羽毛球被列为正式比赛项目，设男、女单和男、女双打 4 枚金牌。在 1996 年亚特兰大奥运会上，增设了混合双打比赛项目，使奥运会羽毛球项目金牌总数增至 5 枚。

国际奥委会对奥运会羽毛球项目参赛选手的名额有严格的限制，参赛总人数限定在 172 人之内。每个项目根据世界排名，选出前 38 名单打运动员、16 对双打选手和 16 对混合双打选手直接参加奥运会。但每个项目中必须至少包括有五大洲的各 1 名或 1 对选手。这些运动员必须是该洲世界排名最前列的运动员。如果在世界排名中仍没有某洲的选手，则由在积分期间的最近一次该洲锦标赛中的冠军选手出席。

东道国应有不少于2名运动员参加比赛，每个国家或地区在1个项目中最多只能有3个席位，多出的席位依次让给排名列后的国家或地区的选手。

2. 亚洲运动会羽毛球赛

亚洲运动会羽毛球比赛，是亚洲运动会的正式比赛项目，创始于1962年在印度尼西亚雅加达举行的第四届亚运会。

3. 亚洲羽毛球锦标赛

亚洲羽毛球锦标赛（Badminton Asia Championships）是亚洲羽毛球联合会组织的比赛，以奖励亚洲最优秀的羽毛球运动员为宗旨。比赛始于1962年，从1991年开始每年举行一次。

4. 由国际羽联主办的世界重大羽毛球赛

（1）汤姆斯杯赛。

汤姆斯杯羽毛球赛（Thomas Cup Badminton，中文简称“汤杯”）是世界上最高水平的男子羽毛球团体赛，即世界男子羽毛球团体锦标赛。由原国际羽联创办于1948年，每两年举办一次。1934年国际羽联成立时，英国人乔治·汤姆斯（George Thomas）被选为主席；5年后，汤姆斯在国际羽联会议上提出，组织世界性男子团体比赛的时机已成熟，并表示将为这一比赛捐赠一个奖杯，称为“汤姆斯杯”。

汤姆斯杯高28厘米，包括把手的宽距为16厘米，由底座、杯形和盖三部分构成，在盖的最上端有一个运动员的模型（见图 9－10）。此杯的前部雕刻有这样的词句：“乔治·汤姆斯·巴尔特于 1939 年赠送国际羽毛球联合会组织的国际羽毛球冠军挑战杯。”

图 9－10　汤姆斯杯

（2）尤伯杯赛。

尤伯杯羽毛球赛（Uber Cup Badminton）实际就是世界女子羽毛球团体锦标赛，是世界上最高水平的女子羽毛球团体赛。由于“汤姆斯杯赛”——世界男子羽毛球团体锦标赛搞得红红火火，曾活跃于 20 世纪三四十年代世界羽坛的尤伯夫人认为，也应该有一个专供女性竞技的大型羽毛球团体赛。“尤伯杯赛”由国际羽联创办于 1956 年，如同汤姆斯杯一样，“尤伯杯”从 1984 年起改为每两年一届。

尤伯杯高 18 厘米，有地球仪样的体形，在球体顶部有一羽毛球形状的模型，此模型的上端站着一名握着球拍的女运动员（见图 9－11）。它的底座周围雕刻着这样的词句：“尤伯夫人于 1956 年赠送国际羽毛球联合会组织的国际女子羽毛球冠军挑战杯”。

图 9-11　尤伯杯

虽说羽毛球运动起源于英国，而且汤姆斯杯赛和尤伯杯赛都是由英国人发起，国际羽联主要领导人也多是英国人，但是英国羽毛球队却没有夺得一次汤、尤杯赛的奖杯。

（3）苏迪曼杯赛。

“苏迪曼杯”（Sudirman Cup）又被称为世界羽毛球混合团体锦标赛，采用五场三胜制，由男子单打、女子单打、男子双打、女子双打和混合双打五个项目组成，是代表一个国家羽毛球整体水平的最重要的世界大赛，与“汤姆斯杯赛”和“尤伯杯赛”齐名。1989 年，在印度尼西亚同时举行了第一届苏迪曼杯赛和第六届世界羽毛球单项锦标赛，同时规定苏迪曼杯赛每两年举行一届，逢双数年是“汤、尤杯赛”，单数年为“苏迪曼杯赛”。

羽毛球是印度尼西亚的“国球”，苏迪曼杯是印尼羽毛球协会代表该国人民向国际羽毛球联合会捐赠的一座奖杯。此赛之所以称为“苏迪曼杯”，是为了纪念印尼羽毛球协会的创始人、前国际羽毛球联合会副主席迪克·苏迪曼。[3]

该杯的杯身由纯银铸成，外表镀有纯金，杯高 80 厘米、宽 50 厘米、重 12 千克，当时造价约为 15 000 美元。奖杯是一个羽毛球造型，在基座上雕刻了举世闻名的古迹婆罗浮屠佛塔的模型，是一座极富民族特色、象征着印尼人民对羽毛球运动无限热爱的奖杯（见图 9－12）。

图 9－12 苏迪曼杯

（4）世界羽毛球锦标赛。

即世界羽毛球单项锦标赛，设有男、女单打，男、女双打和混合双打五个比赛项目。1977 年起为三年一届，1983 年改为两年一届，在奇数年进行。

（5）世界杯羽毛球赛。

属于邀请性比赛，由国际羽联邀请当年成绩优异的选手参加。创办于 1981 年，1997 年国际羽联决定从 1998 年起改为主办有世界顶尖选手参加的明星赛，并准备尝试主办奖金丰厚的羽毛球大满贯赛事。

（6）全英羽毛球锦标赛。

由英格兰羽毛球协会于1899年创办。它是世界上历史最为悠久的羽毛球赛事，最初由英国和英联邦国家选手参加，现在已成为全球性的羽坛大会战。

（7）国际系列大奖赛。

国际羽联参照世界网球大奖赛办法组织主办的，始于1983年。比赛分成若干区，由许多比赛组织成系列赛。根据运动员在各次比赛中的成绩积分进行排名，前16名进入总决赛。国际羽毛球比赛的星级基本是按照比赛奖金和赛事影响力来划分的，目前国际羽毛球系列大奖赛主要有以下几种（见表9－1）：

表9－1　国际羽毛球系列大奖赛及级别

竞赛名称	级别
世界大奖赛总决赛	六星级
马来西亚羽毛球公开赛	六星级
印度尼西亚羽毛球公开赛	六星级
美国羽毛球公开赛	五星级
中国羽毛球公开赛	五星级
全英羽毛球公开赛	五星级
日本羽毛球公开赛	五星级
香港羽毛球公开赛	五星级
台北羽毛球公开赛	五星级
韩国羽毛球公开赛	五星级
泰国羽毛球公开赛	四星级
新加坡羽毛球公开赛	四星级

（续上表）

竞赛名称	级别
瑞士羽毛球公开赛	三星级
丹麦羽毛球公开赛	三星级
俄罗斯羽毛球公开赛	三星级
德国羽毛球公开赛	三星级
荷兰羽毛球公开赛	二星级
加拿大羽毛球公开赛	二星级
苏格兰羽毛球公开赛	二星级
瑞典羽毛球公开赛	二星级
澳大利亚羽毛球公开赛	二星级

四、世界羽毛球排名积分系统介绍

运动员世界竞赛积分排名系统，即通过一个分值系统计算出来的反映运动员（单/双）参赛情况和实力的有序排列。适用范围排名根据以52周为一个周期之中的所有国际羽联、亚羽联、中国羽协批准的比赛（不包括邀请赛和青少年赛）成绩算出。

（1）积分的计算方法。

运动员（单/双）根据其参加比赛的级别以及所获得的名次，获得相应的积分。运动员（单/双）所获积分取决于他们自所参加比赛的抽签位置所在轮次起前进了多少轮。

- 在第一轮中遇轮空，随即在第二轮被淘汰，将获得第一轮负者的分数。
- 在第一轮中遇轮空，在第二轮获胜，在第三轮被淘汰，将获得第三轮负者的分数。

• 在第一轮对手弃权，第二轮被淘汰，将获得第二轮负者的分数。

• 在第一轮中遇轮空，在第二轮遇对手弃权，在第三轮被淘汰，将获得第三轮负者分数。

（2）积分的计算。

• 单项比赛：以下内容为国际羽联所批准的国际比赛和中国羽协所批准的比赛的相应分数统计。运动员（单/双）按照比赛的星级和比赛成绩获得相应积分。

• 团体比赛。

国际比赛：在52周内代表中国国家队参加苏迪曼杯、汤姆斯杯、尤伯杯、亚运会男、女团体赛、亚洲杯比赛的运动员（单/双）所获积分由个人平均分和奖励分两部分组成：个人平均分——每位出场运动员均可以得到其该单项的个人平均分（计算个人平均分的方法如下）；奖励分——运动员每赢得1场比赛将获得50分奖励分，奖励分可以累加。

国内比赛：运动员52周之内所参加的团体比赛，在每场比赛中取其积分最高的一场比赛计算该比赛的积分。一场比赛所得积分由个人平均分和奖励分两个部分组成，计算方法：个人平均分——运动员（单/双）参加团体赛的一场比赛将获得自己积分的平均分（计算个人平均分的方法如下）；奖励分——如果运动员在团体赛的一场比赛中获胜则会获得奖励分。奖励分的分值按对手平均分的1/10计算。

• 个人平均分的计算：如果1名单打选手或1对双打选手在过去的52周内打了不足6场比赛，用赢得的比赛的积分数除以参加比赛的次数；如果1名单打选手或1对双打选手在过去的52周内打了6场或更多的比赛，用赢得的比赛的积分数除以5。

• 在最近52周内参加5场或5场以下比赛的运动员（单/双）的最终积分为其参加比赛所获积分的和；在最近52周内参加6场或多于6场比赛的运动员（单/双）的最终积分为其参加比赛所获积分最高5次的和。运动员（单/双）以算出的分数分单项从大到小排列。

（3）2013年羽毛球世界排名（男女单打前十）。

北京时间2013年1月3日消息，世界羽联公布了2013年第一期的世界排名（见表9-2、表9-3）。

表9-2　男单世界排名

男单	姓名	国家/地区	积分
1	李宗伟	马来西亚	92 848
2	谌龙	中国	83 720
3	陈金	中国	63 172
4	林丹	中国	62 673
5	杜鹏宇	中国	61 766
6	田児贤一	日本	60 809
7	西蒙·桑托索	印尼	58 493
8	阮天明	越南	55 354
9	佐佐木翔	日本	53 810
10	胡赟	中国香港	53 696

表9－3 女单世界排名

女单	姓名	国家/地区	积分
1	李雪芮	中国	94 626
2	王仪涵	中国	85 082
3	内瓦尔	印度	80 461
4	申克	德国	72 428
5	王适娴	中国	70 402
6	蒋燕皎	中国	61 704
7	鲍恩	丹麦	61 079
8	成池铉	韩国	60 571
9	拉特查诺·因达农	泰国	60 074
10	戴资颖	中国台北	50 663

“全满贯”得主林丹在2012年伦敦奥运会实现卫冕后一直缺席国际赛事，排名因此下跌，本期排在第4位；被誉为“外战女皇”的国羽队员汪鑫，曾在2010年排名世界第一，但因伤缺席伦敦奥运后所有的比赛，排名降至第15位。所以说，多参加重大赛事并取得好成绩是提升排名的好方法，但过于密集地参赛，对于运动员的身体素质和心理素质都是较大的考验。既能有目的地选择赛事并取得积分，从而获得参加某些重大赛事的资格，又能减少伤病并保持良好的竞技状态，对于教练员和运动员来说往往具有重要的战略意义。

五、竞技羽毛球运动的发展趋势

1. 技术、战术发展趋势

（1）全面。

所谓全面，不仅仅是指技术、战术、体能和控球能力，同时还包括运动员的思想素质、心理素质和顽强的意志品质以及合理运用规则的能力。现代羽毛球运动的发展越来越突出意志品质、技术、战术和体能的综合化。从近几年的各大赛事分析来看，每届冠军获得者大都采用发小球、下压球技术限制对手进攻，主动得分有所提高，积极进攻成为主要手段。

这些都充分说明运动员在技术、战术、体能和心理等方面的素质越来越趋于全面，而羽毛球比赛也真正成为运动员全面实力的较量，无论在哪一个小细节出问题，都有可能导致最终的失败。

（2）特长突出。

一名运动员的运动特长是在其技术非常全面的基础上形成的，只有这样才能在比赛中获得主动权。若没有了特长，也就无从凸显运动员的高水平。而运动员的“特长”表现范围非常广泛，可以体现在运动员的心理素质方面，也可以体现在运动员的技术方面，如网前技术、后场技术、进攻技术、防守技术等，还可以体现在技能和体能方面。

（3）快。

羽毛球运动发展的实践证明，离开了快速就体现不出高水平。“快”不仅体现在战术进攻和防守转换要快，还反映在意识上要判断快、到位快、选择和完成动作快，技术上要求出手快、击球点高而且靠前，步法上要求启动、移动、制动、回动快。我国羽毛球队早在20世纪60年代就已经意识到“快”在羽毛球运动中的特殊意义，并确立了以“快、准、狠、活”为特点的打法。

当今，羽毛球运动中“快”的特点已经被世界各国所接纳，而且越来越凸显“快”的特色，由此带动羽毛球运动向更高水平发展。但羽毛球运动也不能一味求快，“欲速则不达”，为快而快、勉强求快的方法只会适得其反，同样一成不变的快也容易让对手适应。所以，一般在比赛中，运动员都是杀、吊、搓、勾对角相结合，处于节奏的不断变化之中。

（4）高。

从羽毛球运动项目本身的特点看，所谓的高空优势是指羽毛球运动员在空中能够相对从容地抢到较高的击球点。如果抢到较高的击球点，运动员的杀球和吊球就都能发挥落点深、球路刁的特点，可以增加对手的跑动距离，给自己创造得分的机会。

现代羽毛球运动从选人开始就十分注重身高优势，只有具备身高优势和良好的纵跳能力，才能更好地发挥高空优势。但值得注意的是，身高优势与弹跳相比，体现在具有杀球的落点尖且分散、身体还原的周期短、减少第二次进攻的时间等特点上，这些特点主要体现在单打项目中。

（5）强调落点的变化性。

随着羽毛球运动的不断发展，对发球和接发球细节要求更加细化，在紧张激烈的比赛中，如果发球失误，很容易给发球者造成心理压力。因此，羽毛球发球技术必须注意前场、后场、靠近中线与靠近边线不同方位、不同落点的有机结合，才能更好地调动对手，争取得分机会。而在接发球时，在防网前小球的同时，还要准确判断对手意图，注意后场高远球的防守。

（6）重视体能素质和心理素质。

随着羽毛球运动水平的不断提高，竞赛的激烈性增强，运动员的心理素质和体能越来越受到重视。纵观各大型比赛，运动员由于心理素质不佳和体能下降导致比赛失利的状况屡见不鲜。可见，良好的心理素质和充沛体能的结合是羽毛球比赛中非常重要的一个部分。[4]

2. 传播媒体的发展对羽毛球运动起到了越来越重要的影响

随着1992年正式成为奥运会比赛项目，羽毛球运动开始在世界范围内得到了更为广泛的普及。体育的发展离不开电视的普及和传播，电视对体育比赛的转播，彻底改变了体育的传播方式，使体育比赛超越比赛现场的狭小范围，使亿万观众能够及时、完整地收看到国内、国际上的各种体育比赛盛况。

电视给世界各地的人们带来精彩而又刺激的体育比赛，而体育也为电视带来大量的观众和巨额的利润。电视商出巨资购买转播权，不是无偿转播精彩的体育比赛节目，而是看中了精彩的体育节目带来的极高收视率和无限商机。电视商可以依靠插播广告、转售电视节目赢利。因此，他们往往从招徕广告、吸引商家的角度考虑，其信奉的哲学是一秒千金。他们考虑最多的是如何控制比赛时间，如何充分利用有限的电视时段增加插播广告的机会。所以说，传播媒体的广泛介入在一定程度上左右着羽毛球运动的发展，有时甚至竞赛的规则也要随之相应调整。萨马兰奇在预测未来体育运动的发展时曾指出，将来的体育运动会可以简单地归为两类：一类是适合电视的口味，另一类则不适合。[5]体育项目只有在属于第一类情况下才有机会发展，否则要么衰退，要么踏步不前。

随着羽毛球比赛竞争的日趋激烈，在传统赛制下，双方运动员常常为赢得一分一球展开激烈的拉锯战、持久战。虽然扣人心弦的拉锯赛、持久战是体育运动的灵魂和精髓，是羽毛球运动的魅力所在，然而赛前无法确定比赛结束时间，使电视商陷入窘境，这已成为多年来阻碍羽毛球发展的一个瓶颈。经常会出现转播到最后关键时刻，因租用卫星线路时间超时而不得不中断转播的状况，这不但造成经济损失，而且也让广大观众扫兴。所以，出于经济利益的考虑，许多广告商家担心被拉长的比赛时间所影响，不愿意购买比赛后的时间段。因此，为了适应电视转播需要，不仅仅是羽毛球项目，其他体育项目也都在项目赛制、规则上进行了较大的变革。

六、羽毛球裁判员行为规范与裁判等级

1. 裁判员行为规范

（1）裁判员须加强自身修养，具备良好的职业道德和敬业精神，严于律己、坚持原则、公正执法、顾全大局，自觉抵制各种不正之风和腐败现象。严禁收受贿赂或者变相勒索。在赛事期间，不得接受任何形式的宴请、馈赠礼品或者高消费娱乐活动。在封闭期间，不得私自与运动队接触。

（2）裁判员须奉公守法，严格遵守国家体育总局颁发的《裁判员守则》中的各项规定，遵守赛区或培训班的各

项规章制度，遵守作息时间，保证充足的睡眠，确保充沛的体力和精神，严禁酗酒，夜不归宿。

（3）裁判员要努力学习和钻研业务，掌握竞赛规程，精通羽毛球规则和裁判法。裁判员之间要相互学习、相互交流、相互支持、相互帮助，共同提高业务水平。

（4）裁判员在工作中必须仪表端庄、自然大方，精神饱满、体力充沛。在全国性比赛中必须按规定着装，佩戴由中国羽协颁发的裁判员等级胸徽。

（5）裁判员到达赛区后要随时查对赛程安排，准时到场，认真参加赛前准备会，准备充分，头脑清醒。赛后认真总结，不断提业务能力。

（6）裁判员要牢记比赛的主体是运动员。比赛过程中，不炫耀权威，不滥用职权，冷静对待运动员、教练员或观众的激动反应，宣报温和自信，有效控制比赛，切忌傲慢、言辞不端、举止粗鲁。

（7）担任全国比赛的裁判长和裁判员须按有关比赛规程规定的时间到赛区报到，不得迟到、早退或无故延长在赛区的滞留时间。比赛结束后 5 个工作日内，裁判长须向国家体育总局乒羽中心提交赛区裁判长工作报告。参加境外学习、工作的裁判员，须在比赛结束后 5 个工作日内向国家体育总局乒羽中心提交裁判员境外执裁（培训）报告。

2. 裁判等级

目前，国际上羽毛球裁判员有国际 A 级和 B 级两个级别。除此之外，还有经亚洲羽毛球联合会批准的亚洲 A 级和 B 级裁判员。在我国则从高至低分为国家 A 级、国家 B 级和一级、二级、三级裁判。

若要成为羽毛球三级裁判员，只要在各县、区以及高等院校的体育主管部门就可直接参加考试和获得批准。若你已经是三级裁判员，则可多参加市或地区一级的羽毛球裁判工作，这一级的体育主管部门可以批准你成为二级裁判员。要成为一级裁判员则要经常参加省、自治区或直辖市一级的裁判工作，并得到当地这一级体育主管部门的认可，才能有机会参加考试并被批准为一级裁判员。

要报考国家级裁判，首先要具备较高的专业水平，不仅要把现行规则记熟记牢，而且还应理解并运用自如；其次必须了解羽毛球比赛的抽签编排常识，并亲自参与一些比赛的抽签编排工作。再次，每一位国际级或国家级裁判均有培训当地一级裁判的责任和义务，一级裁判可向他们寻求帮助。最后，千万别忘了与当地省、市、体委竞赛部门以及羽毛球协会经常保持联系，并经常参加他们组织的各种活动和考核，以期在关键时刻能举荐你参加国家级裁判员考核。

中国羽协通常每两年举行一次国家级裁判员考试，届时会发文给各省、自治区、直辖市体委竞赛处并分配报考名额，各地的考生经基层推荐参加考试。考试包括笔试、口试和临场裁判三个部分，其中笔试内容有规则裁判法、抽签编排方法和英语；口试内容主要是听其言、观其行，了解考生的表述能力和对现行规则的理解能力；临场裁判则主要看考生的裁判水平、控制能力、仪表风度以及英语宣报的水平等。对于准备报考国家级裁判的一级裁判员来说，可以借鉴的资料一是中国羽协审定的《羽毛球竞赛规则》，二是人民体育出版社出版的《羽毛球裁判员手册》，但因为羽毛球规则在某些时间会作出相应的调整，所以需要适时地留意相关动态。

七、鹰眼技术在羽毛球裁判过程中的应用

当今社会的物质条件逐步提高，生活水平稳步上升，医疗条件日趋进步，同时，人们对竞技体育的欣赏认识也日趋理性，欣赏水平也在逐步提高。在竞技体育赛场上，人类不断地突破体能、速度的极限，裁判的判罚成为影响竞赛结果的重要因素，赛场上经常出现运动员与裁判员发生争执的情况，裁判员判罚的正确性屡遭质疑。因此，无论是运动员还是球迷，都对裁判员执法的准确性提出了更高的要求，希望裁判员作出客观、公正与准确的判罚。为了保证比赛的客观与公正，裁判员就要作出相对合理与更加精确的判罚。2013 年第十三届“苏迪曼杯”世界羽毛球混合团体锦标赛刚刚落下帷幕，世界羽联宣布将于 2013 年 6 月在印尼举行的羽毛球顶级赛中正式引用鹰眼技术，来协助裁判员执法，这一消息成为广大球迷热议的焦点。

鹰眼（hawk－eye）系统由英国的 Roke Manor 研究有限公司的工程师保罗·霍金斯（Paul Hawkins）在 2001 年研发并获得专利，由保罗·霍金斯和大卫·雪利持有。后来，该技术脱离原公司，成立了一个独立的公司，即鹰眼系统创新有限公司，这是一个与电视制作公司 Sunset ＋ Vine 联合的合资企业。

“鹰眼”的正式名称是“即时回放系统”（instant review system），该系统由 8 个或者 10 个高速摄像头、4 台电脑和大屏幕组成。[6]借助电脑把比赛场地内的立体空间分隔成以毫米计算的测量单位，利用高速摄像头从不同角度同时捕捉网球飞行轨迹的基本数据，再将这些数据生成三维

图像播放在大屏幕上。它判罚的精确度以毫米计，误差小于1%，而且整个操作和回放过程不超过10秒钟。现在鹰眼技术被网球、板球、体操等项目在国际大赛中广泛应用。

根据世界羽联的规定，每场比赛，每名（对）运动员仅有两次机会对主裁和司线的判罚提出挑战。如果挑战成功，将继续留有挑战机会；如果挑战失败，则会丢掉这次挑战机会。同时，世界羽联对运动员的挑战时机也作出了严格规定，运动员在羽毛球落地、司线员作出判决之后，且在下一球发球之前，如果对裁判的判罚存有疑问，方可进行挑战。运动员在挑战之前，须清晰地对主裁喊出“Challenge”，并同时举手示意。在这样的情况下，参赛选手肯定会谨慎使用鹰眼，选择挑战时机无疑是个看点，而连续成功挑战鹰眼的次数，或许也会成为羽毛球比赛中的另一个技术统计。而且，由于高科技的摄像监测系统有效地保证了判罚的准确性，也就减少了由于判罚争议而引起的赛场控制不了的过激行为的发生概率，对赛场上运动员的言语规范性也起到积极意义，从而提高了赛场的文明与礼仪。

羽毛球比赛和网球比赛相比，场地空间小、攻守转换频繁、球速快、单局分数多，为了保证比赛的准确性，建议增加挑战的次数，即改每场2次为每局2次。同时借鉴网球比赛中进入抢7局增加一次挑战机会的相应规定，在羽毛球比赛的决胜局再增加一次挑战机会，即决胜局有3次挑战鹰眼的机会。既然对羽毛球的落点可以提出挑战，那么相应地，对“过手”、“过腰”的判罚也就可以采用鹰眼技术，减少了相应的争议，也就会使比赛更加公平与客观。

规则的调整和完善需要逐步进行，但无论如何都是以扩大羽毛球运动的影响力，进而推动其健康发展为目标，并以尊重运动员与满足观众的需求为基础。

虽然包括美国在内的一些国家也相继研发出了自己的鹰眼系统，并不断地完善其功能，但目前鹰眼系统仍具有技术垄断性，它作为一种赛事服务项目只租不售。据相关统计，在网球赛事中一块网球场地布置鹰眼系统的各项费用大约为 14 万美元。鹰眼技术服务商的利润相当丰厚，这也就加大了赛事承办方的经济负担。所以，尽管该技术的作用已经得到了比较广泛的认可，但碍于经济负担与赛事转播的时长等因素的限制，该技术在一些欠缺商业运作价值、职业化程度低的普通竞技赛场上的应用并不十分广泛。

最初，一套鹰眼系统的安装等成本确实要上百万美元。鹰眼系统的主要成本应该是高速摄像头，近几年随着技术的不断更新，鹰眼系统的安装以及运行成本也在不断下降。到 2010 世界女排大奖赛时，鹰眼系统安装、使用的成本大约是 25 万美元。目前市场上能查到的，鹰眼系统安装、使用的周成本大约为 4 ~5 万美元。

一套鹰眼系统设备的价值在上百万美元以上，而且维护费也在数万美元。正因其相对昂贵的费用，目前鹰眼技术仅适用于安装有相关设备的场地。在 2013 年 6 月开始的印尼超级赛中，仅在有电视转播的一片场地中才配有鹰眼系统设备。也就是说，并不是所有比赛的所有场地都引入了鹰眼系统，只有在重大国际羽毛球赛事中的某些场地上才有选择地使用。

基于赛事推广和商业开发的考虑，羽毛球比赛的组织机构可以通过为相关的鹰眼系统供应商提供优惠或者免费的产品宣传或广告服务等方式，建立合作共赢的运作机制，从而降低引用成本。

人们欣赏羽毛球比赛，不仅仅只关注运动员精湛的球技、顽强的意志、高尚的风格等方面，而且也关注运动员临场战术的运用。引入鹰眼技术后，一定会有运动员挑战鹰眼次数的限制等相关规定，那么运动员对挑战时机的选择、挑战成败与否后战术的运用、心态的调整等都会成为观众欣赏羽毛球比赛的内容。而且由于挑战成功与失败的转换，势必影响到运动员临场的发挥，这样比赛无疑会增加悬念，而正是由于比赛存有悬念才会赋予体育运动更多的意义和内涵。

鹰眼之所以能够被众多体育项目采用，就是因为它的准确性。由于设置精密，很难出现错误，因此，鹰眼技术在一定程度上确实减少了误判的概率，让比赛更趋于公正。随着科技的发展、社会的进步与人们欣赏水平的提高，用高科技手段对裁判判罚进行辅助，必将成为羽毛球运动的另一种发展趋势。

在理论层面上，鹰眼系统是图像处理、摄像机定标、三维重建和图形学等学科中已有算法的整合，其核心难点是通过适当的软硬件系统设计，保证对真实空间中球体目标的精确跟踪。目前，鹰眼技术处于垄断地位，如果能结合赛事的商业动作，并投入一定的研发资金，在不久的将来，相信中国能研发出有自主知识产权的、性能完善的鹰眼系统。

参考文献

[1] 羽毛球球网、球柱知识．银苹果在线资源，2011-01-02．

[2] 羽毛球比赛规则要点．人民日报，2007-04-11．

[3] 苏迪曼杯 logo. http://bbs.badmintoncn.com/thread-352203-1-1.html.

[4] 张力为，毛志雄．运动心理学．上海：华东师范大学出版社，2003．

[5] 裴新．梦想的商业之旅．中国信息报，2008-08-22．

[6] 刘剑秋．摄像机定标在广播电视技术中的应用．北京邮电大学博士后出站工作报告，2010.10．

第十章　羽毛球运动员技术等级及职业与爱好的思考

一、专业羽毛球运动员技术等级

专业羽毛球运动员技术等级标准，是国家体育总局根据《中华人民共和国体育法》及有关法律、法规制定的，评定专业羽毛球运动员各级“运动健将”称号的标准。[1]

1. 国际级运动健将

（1）“汤姆斯杯”、“尤伯杯”、“苏迪曼杯”世界锦标赛。

- 获得团体冠军的运动员（个别成绩很差者除外）。
- 获得团体第2、第3名的运动员（上场率达到50%，取胜占上场次数的60%者）。

（2）在奥运会、世界锦标赛和世界杯赛中，获得单打、双打、混双前8名的运动员（包括并列第3、第5名）。

2. 运动健将

凡符合下列成绩标准之一者，可以申请授予“运动健将”称号：

（1）在“汤姆斯杯”、“尤伯杯”、“苏迪曼杯”赛中，获得团体前3名队中除授予“国际级运动健将”外的其他运动员和第4至第6名的主力队员（上场率达到50%，取胜占上场次数的60%者，以下同）。

（2）在奥运会、世界锦标赛和世界杯赛中，获得单打、双打、混双第9至第16名的运动员。

（3）在亚运会、亚洲锦标赛中获得团体赛前3名的主力队员，获得单打、双打、混双前6名的运动员。

（4）在国际羽联系列大奖赛中，获得单打、双打、混双前3名的运动员。

（5）在10个以上国家参加的国际锦标赛或国际邀请赛中，获得团体第2名的主力队员和单打、双打、混双前3名的运动员。

（6）在世界青年锦标赛中，获得单打、双打、混双前2名的运动员。

（7）在全国比赛中，获得团体甲级队前3名的主力队员和获得单打、双打、混双前6名的运动员。

（8）在全国青少年比赛中，获得甲组单打、双打和混双第1名的运动员。

（9）在一个年度的正式比赛中，战胜国际级或国家级运动健将中的3名选手的运动员。

3. 一级运动员

凡符合下列成绩标准之一者，可以申请授予“一级运动员”称号：

（1）在10个以上国家参加的国际锦标赛、国际邀请赛和国际羽联系列大奖赛中，获得单打、双打、混双第4至第8名的运动员。

（2）凡全国甲级队前3名除授予“运动健将”外的其他运动员和第4至第8名的主力队员；在全国比赛中获得

单打、双打、混双第6至第16名的运动员。

(3) 在世界青年锦标赛中，获得单打、双打、混双第3至第8名（包括并列第5名）的运动员。

(4) 在省、自治区、直辖市或全国各系统比赛中，获得单打、双打、混双前6名、团体赛前2名的主力队员。

(5) 在全国青少年比赛中，获得甲组单打、双打和混双第2至第4名，乙组各单项前2名的运动员。

(6) 在全国业余体校比赛中，获得甲组各单项冠军的运动员。

4. 二级运动员

凡符合下列成绩标准之一者，可以申请授予“二级运动员”称号：

(1) 在全国青少年比赛中，获得甲组单打、双打和混双第5至第8名，乙组各单项第3至第6名的运动员。

(2) 在全国业余体校比赛中，获得甲组各单项第2至第6名，乙组前2名的运动员。

(3) 在省辖市（专区、直辖市的区）或相当于省辖市的比赛以及各自治区、直辖市系统举办的比赛中，获得单打、双打、混双前6名，团体赛前2名的主力队员。

(4) 在省、自治区、直辖市举办的青少年比赛中，获得单打、双打、混双前3名，团体冠军的主力队员，少年比赛各单项冠军的运动员。

5. 三级运动员

凡符合下列成绩标准之一者，可以申请授予“三级运动员”称号：

(1) 在一般市辖区或地、县举行的正式比赛中，获得各单项前6名，团体前2名的主力队员；

（2）在省辖市（专区、直辖市的区）或相当于省辖市的少年比赛中获得各单项前8名，团体前3名的主力队员；

（3）在不少于16名运动员参加的正式比赛中，获得各单项前2名的运动员。

6. 少年级运动员

凡符合以下成绩标准之一者，可以申请授予“少年级运动员”称号：

（1）代表地、市（专区、直辖市的区）参加省、区、市以上举办的各种少年比赛的运动员。

（2）在县或相当于县的少年比赛中获得各单项前8名、团体前3名的主力队员。

（3）在不少于16名少年运动员参加的正式比赛中，获得各单项前3名的运动员。

二、业余羽毛球运动员技术等级

业余羽毛球运动员，或者说羽毛球爱好者的技术等级并没有统一的标准，各种说法也不一致，此部分是笔者根据多年经验与参考网络总结而成，在这里仅给大家一个所谓的参考。如果您能在学习和工作之余，积极地参与羽毛球活动，锻炼身体、愉悦身心、交朋识友，在参与的过程中享受其中的乐趣，那您就是自己和亲人心目中的顶级高手！

1. 一级：扑蝶江湖

和家人或朋友曾经打过羽毛球，不在乎场地和风向，完全没有技术概念，只在于出一出汗，时常打漏球，还以此为乐。看过一些羽毛球比赛，能够认识世界排名前几位的运动员，参加过一些单位或者朋友之间组织的羽毛球活动，没有手法、步法等基本技术，但打球熟练，有一定力量和球感，并有个性化（如搞笑）的打球动作，有时会成为球友的开心果。

2. 二级：江湖菜鸟

曾经了解过一些羽毛球的基本技术（看光碟或者看别人练球），对于基本规则也有一定了解。

握拍：正手基本正确，不能做好正反手握拍转化。

发球：多是“秋风扫落叶”（横扫）。

前场：基本是轻放过去，回球质量差，时高时远，常不过网。

正手后场：能够正确完成挥拍动作，但发力不完全正确，对爆发力只有最基本的概念，不能很好地应用在打球中，更多是挥动手臂击球。

反手后场：完全不会，到这个位置只能勉强用正手头顶球来打，常打不到。

3. 三级：一介武夫

喜欢羽毛球，参加过基础的短期业余初级练习，并在业余球会中定期打球，但属中下等水平。

握拍、发球：这两项基本没有问题。

步法：能够区分垫步和跨步，基本完成全场六点的步法，但不流畅。

发力：能够区分手臂力和手腕力，对手腕内旋和外旋有基本概念，爆发力能基本应用。

正手后场：能够对拉高远球，劈吊和杀球也能基本完成，但质量有限，控制力不够。

反手后场：能够正确挥拍，但应用时时常会有错误动作和发力，回球只能到对方中前场。

前场小球：基本能控制放网的质量，对于网前搓球只有理论知识。

协调性：身体的协调性较差，击球的动作生硬不连贯。

素质体能：做过一些简单练习（如跳绳、蛙跳、俯卧撑等）。

4. 四级：江湖小侠

参加过业余中级练习，每周都有一至两次打球训练，在普通业余球会中属中等水平，有参加市级业余羽毛球比赛的经验，但多是在小组赛中被 K 掉。[2]

步法：能够正确完成全场步法，并基本能应用在打球当中，但启动、移动速度和灵敏度不足。

发力：基本上能够把手腕内、外旋及爆发力应用在打球当中，但力量有限。

正手后场：能够在打球中轻松完成拉、吊、杀动作，但回球的质量较差，落点只凭感觉来打。

反手后场：能够基本完成后场球动作，但回球只能勉强到对方中后场，勉强能完成反手吊球，而且吊球质量有限，成功率也不高。

前场小球：能够完成挑后场球，基本正确完成网前正反手收搓动作，但搓球质量有限。

进攻：可根据对方回球情况组织随意进攻，但速度和角度中等，给对方威胁小。

防守：在水平相当的情况下，基本能够根据对手的进攻作出相应的防守，但防守质量有限。

素质体能：能够较好完成多组基本练习（如交叉步、垫步、蛙跳、立定跳高、台阶跳等）。

战术意识：基本上能够独立完成对抗练习，单打方面具有适合自己特点的简单打法（如拉吊型或杀上网等），双打方面具有发/接发、移动补位、封网等最简单的意识。

5. 五级：江湖少侠

代表球会参加过各种省、市级业余比赛，并有小组出线进入前 64 ~ 32 名的经历。

步法：能够轻松将全场多点步法应用在打球当中，启动、移动速度和灵敏度属中上水平。

发力：能够熟练应用手腕爆发力，对手指发力有基本概念和认识。

后场：正手熟练完成拉（平高球、高远球）、吊（直线、斜线）、杀（直线、斜线、劈杀），落点能够基本达到要求。反手基本完成吊球（直线、斜线），后场球能勉强到达后场（直线）。

前场：能够熟练到位地完成挑球，熟练应用网前正反手收搓动作，基本掌握正反手展搓动作以及推球动作。

中场：基本完成平抽挡动作。

进攻：能够基本规范完成后场正手及头顶球的直线、斜线进攻，力量和速度属中上水平，能够给对手造成一定的威胁。

防守：在水平相当的情况下，根据对手的进攻路线进行相应防守，防守回球基本到位。

素质体能：能够较好地完成多组练习（如手腕哑铃练习、交叉步、垫步、跨步、高抬腿、深蹲跳高等）。

战术意识：能够较好地完成对抗练习，单打方面有主动控制对方的意识，能够发现对手的弱点，应用压后场、吊前场等多种手段为自己赢取主动权；双打方面能够较好处理发球和接发球，主动抢网，控制中前场半区的场，后场注重主动进攻，能够控制好后场球，保持主动权，寻找对手的空当和配合盲区。

6. 六级：江湖大侠

参加过各种省、市级业余比赛，并有进入前 32 ~ 16 名的经历，曾经参加过少年业余体校羽毛球训练，之后偶尔打球，保持一定水平。

步法：能够熟练地将全场多点步法应用在打球当中，启动、移动速度和灵敏度都属上等水平。

发力：能够熟练应用手腕爆发力，对手指发力有基本概念和认识。

后场：正手熟练应用拉（平高球、高远球）、吊（直线、斜线、滑板）、杀（直线、斜线、长杀、短杀、劈杀），落点能够基本达到要求。反手熟练应用高手位（直线、斜线），低手位吊球勉强完成，反手后场直线球能基本到达后场。

前场：能够熟练应用正反手挑球、正反手收搓、正反手展搓、推球等技术，能够基本应用网前正反手勾对角及扑球动作。

中场：熟练应用平抽挡技术。

进攻：能够轻松完成后场多点进攻，进攻球落点基本到位，力量和速度俱佳。

防守：在水平相当的情况下，根据对手的进攻线路进行相应防守，防守回球到位；并能组织一定的防守回击，变被动为主动。

素质体能：能够较好地完成多组练习（如手指俯卧撑、手腕哑铃、快速仰卧起坐、交叉步、垫步、跨步、蹬步、深蹲跳高、双摇跳绳、中长跑等）。

战术意识：基本掌握单打中的快速高吊结合空击、变速突击、下压控网进攻、守中反攻等战术。双打方面基本掌握前半场组攻、推压底线组攻、攻守互转等多项战术。

7. 七级：名满江湖

参加过各种省、市级业余比赛，并有进入前16~8名的经历，曾经参加过少年业余体校羽毛球训练，或曾经接受过专业人士指导，活跃于各大业余球会，是球会的中坚力量。

步法：能够灵活地将全场多点步法应用在打球当中，启动、移动速度和灵敏度非常好，并能在重心偏移后进行快速二次启动。

发力：手腕爆发力优秀，并对屈指、捻动发力有一定心得。

后场：正手灵活应用拉、吊、杀等多项技术，回球稳定，落点集中。反手熟练应用高、低手位吊球，反手后场球稳定到位，基本掌握反手杀球。

前场：能够灵活应用挑、撩、搓、勾、推、扑等技术，回球稳定，落点清晰分明。

进攻：能够有选择性地组织多拍进攻，杀球力量大、速度快、落点开，稳定性也相对较高，并有跳杀的能力。

防守：在水平相当的情况下，能够根据对方的攻势组织合理防守，放网、平挡、挑后场、勾斜线等多种防守手段相结合。

素质体能：能够较好地完成多组力量、速度、灵敏度、柔韧、耐力练习（如手指、手腕、手臂、腰、大小腿、脚踝、足弓等）。

战术意识：基本掌握单打中的控后突前、控前抢点突击、拉开突击、发球抢攻、对角线球路以及重复球等战术。双打方面基本掌握攻守转补位、攻单人、攻中路、压后场拉开反击、前场打点封压划攻等多项战术。

8. 八级：纵横天下

参加省、市级业余比赛并有过进入四强的经历，定期非专业练球或接受过专业人士指导，在各业余球会中是顶尖高手，常帮助球会内的初学者练球。或者是已退役三年以上的市队成员、各高校已毕业的羽毛球队成员，已经完全能灵活应用羽毛球的各单项技术，并能有效组织攻防，能较好地调整打球过程中的节奏，更多时候能主动去控制场上局面，让对方跟着自己来打球。

9. 九级：独孤求败

在省、市级业余比赛中鲜有对手，多次包揽单项冠军，在地区有很高的知名度，对外招收羽毛球学员；退役市队成员，各高校、体院羽毛球队主力成员。

10. 十级：世外高人

已退役的国家、省级专业队的成员，但球技还保持在很高的水平。

三、关于职业与爱好的思考

大家都很关心业余与专业羽毛球运动员之间技术水平

差距多少的问题，也非常好奇自己如果天赋异禀，再加上刻苦练习，究竟能达到什么水平，能否有一天“华山论剑”。其实作为一名羽毛球运动的爱好者，打球的主要目的是享受这项运动所带来的快乐。对爱好者而言，羽毛球运动的门槛是很低的，这跟从事这项职业的专业运动员的要求相比，差距是巨大的。大家不妨看看一些专业的论文，在专业运动员的遴选上，要求很高（有很多涉及生理、心理等方面参数的测试）。

许多城市有业余体校，有空不妨去看看那里的小队员的日常训练，他们的运动量、运动强度、技术动作要求已经是我们所远远不能达到的了。而在中国这样一个羽毛球强国，他们中只有金字塔顶端的少部分人有机会进入省队、国家队。而正式进入羽毛球省队、国家队之后，那种运动量、训练条件、教练水平、科技支撑和后勤保障，更加不是普通人所能达到的。放眼当今世界体坛，一些参与人数少的、对抗性不强或开展不够广泛的体育项目，半职业的运动员是有可能取得突出成绩的。比如奥运赛场上，一些冷门项目，许多国外的运动员都不是职业运动员，参与这些项目的竞技或许能取得一定的成绩。但是对于那些成熟的、有职业化联赛的且参与人数众多的项目来说，比如足球、篮球、网球等项目，职业运动员与业余爱好者之间的鸿沟越来越深，深到不可逾越。在中国的羽毛球、乒乓球等优势项目上尤其如此，中国乒乓球和羽毛球在重大国际赛场上经常包揽全部的金牌就是很好的证明。

作为羽毛球爱好者，通过打球锻炼身体、结交朋友、丰富业余生活已经足够，如果不断提高自己的技术水平，去挑战高手，也正是“更快、更高、更强”的奥运精神的体现。但当你在身边的一小群人中已经独孤求败、没有对手，而仰望林丹、李宗伟、陶菲克等人又如在云端般迷茫时，应该仔细品味“风物长宜放眼量”的意义。其实我们完全没有必要叹息当初自己为什么没有机会成为一名职业运动员，因为他们付出的心血和汗水不是我们能真正体会到的。“一将功成万骨枯”，那些一次次倒在林丹、李宗伟拍下的人，他们一生付出的心血可能并不比林、李少多少，却终其一生也翻不过这座山。而我们作为业余爱好者，其实是在享受这项运动带给日常生活更多的色彩和快乐，因为这是我们的爱好。这种健康、积极的爱好改变并完善着我们的生活方式，让我们向着“静观天地，动享活力”的境界迈进！

参考文献

[1] 陈奎霖. 长春市羽毛球俱乐部参与者的现状调查与研究. 辽宁师范大学硕士学位论文，2011.

[2] 业余羽毛球技术等级（新版）. http：//www. douban. com/group/topic/13800473/. 2010 - 09 - 04.

参考文献

1. 健康. 温州日报. http://www.wzrb.com.cn/.2006－08－22.

2. 丁英俊. 大学生体育与健康. 开封：河南大学出版社，2002.

3. 羽球总结：公然造假不认错，球员离开奥运没饭碗. 华体网. http://we. sportscn. com/viewnews－1231546. html. 2013－01－06.

4. 羽毛球拍选购建议以及注意事项. 百度经验，2013－04－10.

5. 羽毛球日常保养注意事项. http://www. 049. cc/qitatiyu/2012/0524/430. html. 2012－05－24.

6. 羽毛球生产信息一览. 中国产业研究报告网，2012－12－18.

7. FZ FORZA 官网介绍. FZ FORZA，2011－12－11.

8. 李鹤洲，惠艳. "组合技术"程序教学法在大学羽毛球选项课中的设计与应用研究. 吉林体育学院学报，2005（4）.

9. 苏长. 羽毛球教学中的步法移动技术. 华章，2011（6）.

10. 姜晓宏，张力. 羽毛球选项课教学方法的探索与实验. 辽宁体育科技，2005（4）.

11. 傅辉沮，张恩光等. 体育与健康. 南京：河海大学出版社，2002.

12. 李梦龙. 羽毛球教学中 CMC 师生互动模式的探讨. 体育科技文献通报，2011（3）.

13. 唐念. 业余羽毛球运动人群运动损伤的调查与分析. 湖州师范学院学报，2010（1）.

14. 魏冰，李庶鸿. 城乡中小学体育协调发展研究. 体育与科学，2010（3）.

15. 孙伟. 谈羽毛球运动员的营养需求. 社区医学杂志，2010（23）.

16. 刘金峰，曹钧. 微量元素补剂对人体运动能力及健康的影响. 南京体育学院学报（自然科学版），2006（3）.

17. 陈吉棣，杨则宜，李可基等. 推荐的中国运动员膳食营养素和食物适宜摄入量. 中国运动医学杂志，2001（4）.

18. 赵丰超. 羽毛球运动员的身体素质训练探讨. 科技信息，2010（9X）.

19. 李扬，洪剑. 羽毛球运动员专项速度训练方法的初步研究. 内江科技，2011（8）.

20. 李诚志. 教练员训练指南. 北京：人民体育出版社，1992.

21. 贺泽江. 羽毛球运动损伤的调查与分析. 湖北民族学院学报（自然科学版），2005（2）.

22. 余长青，石鸿冰. 羽毛球运动所引起常见的运动损伤及预防方法. 北京体育大学学报，2007（S1）.

23. 邓树勋等. 现代大学体育理论与实践. 广州：广

东高等教育出版社，2010.

24. 羽毛球球网、球柱知识. 银苹果在线资源，2011 - 01 - 02.

25. 羽毛球比赛规则要点. 人民日报，2007 - 04 - 11.

26. 苏迪曼杯 logo. http：//bbs. badmintoncn. com/thread-352203-1-1. html.

27. 张力为，毛志雄. 运动心理学. 上海：华东师范大学出版社，2003.

28. 裴新. 梦想的商业之旅. 中国信息报，2008 - 08 - 22.

29. 刘剑秋. 摄像机定标在广播电视技术中的应用. 北京邮电大学博士后出站工作报告，2010. 10.

30. 陈奎霖. 长春市羽毛球俱乐部参与者的现状调查与研究. 辽宁师范大学硕士学位论文，2011.

31. 业余羽毛球技术等级（新版）. http：//www. douban. com/group/topic/13800473/. 2010 - 09 - 04.

致 谢

行文至此，我的这本书已接近尾声。岁月如梭，从研究生毕业到工作至今已度过十个春秋，在这十年中我也从一个懵懂的、豪情万丈的年轻人步入中年人的行列，值此由青年向中年过渡的转折点上，心中难免思绪万千，一种感恩之情油然而生。生我者父母，感谢生我养我、含辛茹苦的父母。是你们，为我的学习创造了条件；是你们，在我参加工作后还一如既往地站在我的身后默默地支持着我。

记得父亲在我年少时经常说："家富黄金十斗粮，不如养儿上学堂，不信你到朝中看，那个不是读书伴君王。"这里面虽然有"学而优则仕"的传统观念的偏颇，但也说明了那一代老人对子女的殷切希望。虽然现在我依然没有实现父亲的愿望，做到所谓的"伴君王"，而我却成为一名默默无闻的基层体育教师，生活过得充实并快乐。从每学期的第一次上课介绍球具和握拍开始，我看着同学们在球场上挥汗如雨，关注着他们的点滴进步，丰富着自己的教学实践，体会着作为一位体育人的满足与幸福！

关于羽毛球方面的书籍、论文与网络上的相关文章，我拜读了很多，真可谓"横看成岭侧成峰"，作者们从不同的角度和高度诠释着羽毛球运动的内涵与真谛，其中的收获和心得不胜枚举，十分感激这些"前辈"为羽毛球运动的推广和发展所作出的贡献。承载着中华民族伟大复兴的中国梦也是每一个人的梦，希望我们每个人都能在积跬步、聚细流的平凡生活中，像场地上空飞舞的羽毛球一样，划出美丽的弧线，奔向梦想的终点。

中山大学的尚瑞花老师、王守力老师、雷宏香副教授、张新萍副教授和樊莲香教授以及暨南大学出版社的郝文老师，在本书的编写过程中给予了我非常大的帮助和支持。另外，在本书中个别图片由于来源于网络，没有找到确切的出处，故未能准确标出，在此对该图片的作者表达敬意。谨以此书的出版向帮助过我的人表示诚挚的谢意。

期望广大读者对此书的诸多不足之处提出宝贵建议，以待逐步完善、再版。

青春与您同行，记忆伴我成长，羽毛球携你我同往！

武东海

2013 年 6 月 22 日

附　录

羽毛球专业术语中英文对照大全
（Terms of Badminton）

女士们、先生们：

在我右边，……（运动员姓名），……（国名）；在我左边，……（运动员姓名），……（国名）。……（运动员姓名）发球，……（运动员姓名）接发球。

Ladies and Gentlemen：

On my right，……（player name），……（country name）；and on my left，……（player name），……（country name）. ……（player name）will serve to ……（player name）.

Badminton 羽毛球（运动）

1. 球与球拍用语

racket，bat 球拍

racket head 球拍前部（包括拍框和拍面）

face of racket，racket face 拍面

frame of racket 拍框

handle of racket 拍柄

shaft 拍杆

throat 拍颈

shuttle，shuttlecock 羽毛球

feather 羽毛

cork base 球托（羽毛球的软木部分）

crown of feathers 羽毛圈（羽毛球的羽毛部分）

broken shuttle 坏球

plastic shuttle 塑料羽毛球

2. 场地用语

（1）关于场区。

court 球场

combination court 单打、双打合用的球场

doubles court 双打球场

singles court 单打球场

backcourt 后场

backcourt player 后场球员

forecourt 前场

forecourt player 前场球员

singles service court 单打发球区

doubles service court 双打发球区

service court 发球区

left court 左场区

left service court 左发球区

right court 右场区

right service court 右发球区

alley 单打线和双打线之间的细长地带

back alley 单打端线和双打端线之间的细长地带

（2）关于场地线条。

back boundary line，backcourt boundary 端线（单打后发球线）

base line 端线

centre line，mid court line 中线

side line，side boundary line 边线

inside side line（单、双打线都有的场地）单打边线

outside side line（单、双打线都有的场地）双打边线

corners of backcourt 后场两角

doubles service line 双打发球线

front service line，short service line 前发球线

rear service line，long service line（双打）后发球线

net post 网柱

net tape，white tape，band 网顶白布条、网带

3. 击球技术用语

（1）关于握拍。

forehand 正拍

backhand 反拍

grip 握拍法

backhand grip 反手握法

forehand grip 正手握拍法

（2）关于击球动作与球路。

backswing 往后撤拍（准备击球）

deception 假动作

preliminary feint（发球时的）假动作

delivery of service 发球动作

full strike 全力击球

full swing 全力挥拍
high backhand stroke 上手反拍击球
overhand stroke 上手击球（高于头顶的击球）
overhead stroke 打头顶球（位于头顶的击球）
round-the-head stroke 绕头顶击球
shoulder-high drive 与肩齐高的平抽球
side-arm stroke 侧手球（回击位于身体侧面的球）
underhand stroke 低手击球
strike 击（球）
intercept 截击
cut 切球
smash 杀球
forehand smash 正手杀球
backhand smash 反手杀球
around the head smash 过顶杀球
consecutive kill 连续扣杀
return 回球
retrieve 救球
rushing ①冲上网；②扑球
sliding step 滑步
footwork 步法
drop shot 吊网前球
drive 平击球、平抽球
net play 网前击球（技术）
net shot 网前放小球、网前搓球
net kill 网前扑球
net lift 网前挑球（推后场）

clear 平高球

high clear 高远球

cross-court 斜线球

deep shot 深球（打到对方底线附近的球）

driven clear 平抽高球

lift 近网挑球

hairpin shot“夹发针”球（在网前贴近地面的轻挑短球）

low shot 低平球

straight 直线球

descent（球）下降

flight（球）飞行

（3）关于发、接发球。

high serve 发高球

deep high service，long high service 发高远球

low serve 发小球

short low service 发短低球（刚到前发球线的小球）

flick serve 发平高球（比高远球要低些，比低平球要高些）

drive serve，flat service 发低平球（比平高球要低些）

serve deep 发深球（发至后场的球）

long service 发远球（发至后场的球）

return of service 接发球

（4）其他。

abnormal flight（球）飞行不正常

accuracy of placement 落点的准确性

miss 击球未中

play safe 打保险球

poacher（双打）抢打同伴的球

4. **战术用语**

front and back（双打）前后站位打法（常用于混双）

rotation system（双打）轮转配合打法

half-court shot 半场球（对付前后站位防守的打法）

defense and fight back 防守反击

net game 网前打法

net play 网前打法

pairing（双打）配对

partner（双打）同伴

players' positions 队员方位

5. **规则用语**

（1）一般规则。

game 局（一般一场比赛有三局）

game point 局点

dead bird 死球

match 场

match point 场点、赛点（三局两胜制比赛的决胜球）

linesman 司线员

referee 裁判员

service judge 发球裁判员

mixed double 混合双打

men's singles 男单

men's doubles 男双

women's singles 女单

women's doubles 女双

（2）比赛过程。

grudge match 旗鼓相当的比赛

change the server，alternate in serving 换发球

change courts 交换场地

change service courts 互换左右发球区，互换方位

choice of court ends or service 选择场地或发球权

odd number of points 单数分数

even number of points 双数分数

order of service 发球次序

deuce 局末平分（如男子单打的 13 平）

in（球）在界内

out（球）在界外

receiving side 接发球一方

second server（旧规则的双打）第二发球

Love all，play！零比零，开始比赛！

Set 2 points！再赛两分！

Ace，service ace！发球得分！

Service over！（单打）换发球！

（3）犯规用语

racket head above the hand 拍框上沿高于手（发球犯规）

serving above the waist 高于腰部的发球（发球犯规）

serve from the wrong-service court 发球站错方位

short（发球时的）短球

touch the net 触网

unclean hit 有拖带动作的击球

double hit 连击
fault ①失误；②犯规
faulty serving 发球违例
foul hit 击球犯规
out of position 站错位
good return 合法还击
good service 合法发球
score cancelled 得分无效
balk 发球时一方扰乱对方